十秒入戏

中国本土的墨菲定律

王子居◎著

揭开认知心理的真相
打开认识世界的心理迷局

台海出版社

图书在版编目(CIP)数据

十秒入戏：中国本土的墨菲定律 / 王子居著. --
北京：台海出版社, 2020.11
　　ISBN 978-7-5168-2731-4

Ⅰ.①十… Ⅱ.①王… Ⅲ.①民族心理学 – 研究 – 中
国 Ⅳ.①C955.2

中国版本图书馆CIP数据核字(2020)第171368号

十秒入戏：中国本土的墨菲定律

著　　者：王子居			
出 版 人：蔡　旭		封面设计：天行健	
责任编辑：俞滟荣			

出版发行　台海出版社
地　　址：北京市东城区景山东街20号　　　邮政编码：100009
电　　话：010-64041652（发行，邮购）
传　　真：010-84045799（总编室）
网　　址：www. taimeng. org. cn/thcbs/default. htm
E - mail：thcbs@126. com

经　　销：全国各地新华书店
印　　刷：唐山市铭诚印刷有限公司
本书如有破损、缺页、装订错误，请与本社联系调换

开　　本：880毫米×1230毫米		1/32	
字　　数：92千字		印　张：6	
版　　次：2020年11月第1版		印　次：2021年3月第1次印刷	
书　　号：ISBN 978-7-5168-2731-4			
定　　价：39.80元			

目 录
Contents

第一篇 | **社会效应的本质：隐喻的不断贯通**

★ 喻学视角下的墨菲定律 / 2

★ 五音效应→排列组合定理-重复（肉腻）效应 / 15

★ 阴阳二分哲学+边界效应-蝙蝠效应-破鼓效应 / 19

★ 墨菲定律是错的? / 26

第二篇 | **十秒入戏：你的大脑如何被诱拐**

★ 入戏效应 / 36

★ 十秒入戏 / 40

★ 无厘头效应的真相 / 47

★ 角色效应+学生姿态效应 / 52

★ 审丑效应 / 55

★ 智能组合效应+数理贯通效应 / 58

★ 水流效应+分镜效应 / 61

★ 代入效应+同化效应+诱偏效应+初见效应+先入效应 / 64

★ 情绪效应+荷尔蒙效应 / 74

第三篇 | 信息的迷雾和智力的缺席

★幽默效应+故事效应+表象满足效应　/ 78

★纸面效应　/ 82

★同频效应：周围信息的约束作用　/ 86

★推荐效应+推送效应：被动接受的认知牢笼　/ 90

★十秒误终生+选择效应　/ 94

第四篇 | 饥渴的心灵与认知的迷局

★远近视效应+信息墙效应+乡关效应+层次效应　/ 102

★毒品效应+路径依赖　/ 108

★证明效应+逻辑欺骗+第零效应　/ 116

★近体格律诗+杜甫效应　/ 122

第五篇 | **迷茫错乱的自我认知**

★算法支配效应+定向信息诱偏 ／132

★梁山效应+少林寺+古惑仔 ／137

★扈三娘李逵效应+僵尸吸血鬼效应 ／141

★歧路效应 ／144

第六篇 | **迷茫错乱的社会认知**

★剪羊毛+割韭菜 ／148

★成虎效应+曾母效应+羊群效应→从众效应 ／151

★权威效应 ／157

★群体绑架效应 ／160

★金刚狼和变形金刚：搞笑的漫威效应 ／163

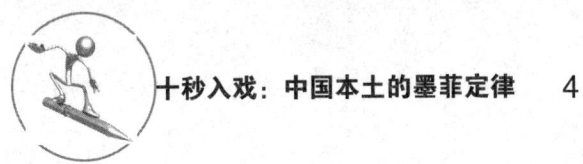

第七篇　认知中的心理缺陷

★ 镜中像→梦中影效应　／168

★ 叶障效应+晕轮效应+光环效应+名人效应+情人效应　／172

★ 黄雀效应　／176

★ 覆辙效应　／181

第一篇

社会效应的本质：隐喻的不断贯通

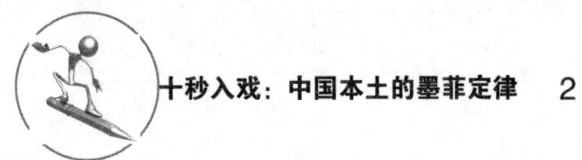

喻学视角下的墨菲定律

本来这本书预计得很简单，是与西方效应平行的一部东方效应，但我在创作的过程中发现西方的社会效应之学其实是喻学贯通性的一种运用，所以事实上它最后也产生了更丰富的架构，它已经不是与我们现在看到的西方社会定律、效应平行的一部著作了，它具有了更多维度，最终变成了一个喻的社会定律、效应。为此我在想要不要建议读者在读这部著作时，先读一下我在其他著作中例证的华夏古代喻学的一些原理。因为这本关于社会定律和效应的《十秒入戏》，既运用了《局道》里的概念树的原理，亦运用了我在其他著作中常讲的多维贯通交织、多维交织贯通，所以事实上它与目前市场上诸多的《墨菲定律》已经不是一个维度了。

只不过是在内容上，与市场上流行的诸多种《墨菲定律》讲的面很广有所不同，这部小书集中讲人类的社会认知、自我认知的定律和效应，以及人类认知的心理定律和效应。

也就是说，这部小书主要是讲我们该如何认识自我、认识社会……

我在大约十几年前第一次看到墨菲定律，那时候有个写手朋友投稿，当时我就感觉，这不就是中国的比喻吗？

比如说破窗效应，本质就是用一种社会现象去解释人类的心理，从而指导人的社会行为，其本质是一个比喻，而路径依赖、梯子定律、手表定理、跷跷板法则、皮格马利翁效应、保龄球效应、安慰剂效应、制服效应……

它们本质上都是简单的比喻，只不过在形式上变化更多了。

事实上，即便是一些定律，也是喻的运用。因为喻的运用有象、性、数、理四种最基本的贯通，其中如果数学定律贯通到社会、心理学领域，它就是数的贯通；而物理学、生物学等其他学科的定律应用于社会、心理学领域，它们就属于是喻学四种贯通中的理

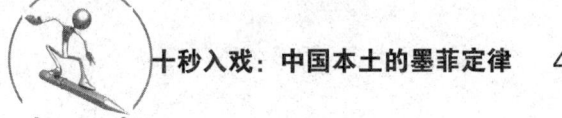

的贯通。

西方的社会定律、效应之学，总结起来，不外就是将自然现象、社会现象、物理化学定理定律、数学定理公式等贯通运用到人类心理学、社会科学的范畴之中。

而华夏古文明中喻的定义就是彼此之间的不断贯通，基础理论是可以贯通多个学术领域的。西方社会定律效应之学本质上是物理化学和数学的定律定理向人类心理学、社会科学的贯通，属于贯通四基础中理的贯通。

在已出版的著作中，喻诗学四部曲及《决定健康的八大平衡》《平衡的，才是健康的》《喻文字：汉语言新探》中都讲过象、性、数、理的贯通，还有比喻的贯通，《局道》讲了数和理的贯通，这些都是目前讲喻的跨学术领域贯通运用的一些案例。

事实上，在2007年出版的《决定健康的八大平衡》中，讲了人体的几十种基本平衡，而平衡其实是人类最早从自然现象中得出的，最简单的如腿部残疾导致人无法正常行走，伤了一只翅膀的鸟无法飞翔……人类很早就可以从这个最简单的现象中得出平衡这个概念。

自然现象中存在各种平衡，比如树叶大多是左右对称的、飞鸟的翅膀和爪子也是左右对称的，人体是左右对称的，且数量、长度等都是相等的。

人类古代制造车辆，左右是要平衡的，现在制造飞机，两侧的机翼也必须平衡，这是平衡概念在科技上的应用，而生物学上讲究生态平衡，政治学中讲政治平衡，西方的地缘政治学更讲平衡，因为平衡一旦被打破就意味着混乱甚至战争……

在社会学乃至家庭伦理中，都需要讲平衡，因为失去平衡就意味着混乱……

应当说平衡原理是应用很广的一种基础之理，但事实上，平衡是从华夏喻学中二之数理的阴阳衍生出来的，而喻学的数理中，二的数理有四种，阴阳只是其中一种……

喻的贯通性运用很像是一种效应：路径依赖。但路径依赖这个概念未能道出本质，喻的彼此贯通运用则是本质性的。

路径依赖本是一个简单的自然现象或者说一个简单的比喻，并被运用到了其他领域，在道格拉斯·诺

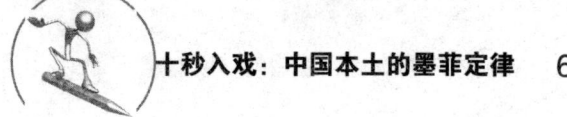

思因此于1993年获得了诺贝尔经济学奖之后，它就成了诸多社会定律和效应中的最著名的一个。

诺思认为人类的路径依赖类似于物理学中的惯性，即事物一旦进入某一路径，就会对这种路径产生依赖。这是因为，经济生活与物理世界一样，存在着报酬递增和自我强化的机制，这种机制使人们一旦选择走上某一路径，就会在以后的发展中不断地对这一路径进行自我强化，从而更加依赖这一路径。

这其实就是中国古人讲的故土难迁、积习难改。

中国古文化在"罢黜百家，独尊儒术"后，极度鄙视自然科学，视为"奇技淫巧"，而由于在社会思想上儒学的单薄，导致中国空作为一个比喻、寓言文化的大国，所有的古代比喻却都没有被展开，这导致我们现在也无法阐释好中国文化，我在《古诗小论2》中讲指喻，那是就诗歌这一文学体裁来讲的，事实上，如果我们把华夏喻学放到文明的整体上来看，中国古代的许多比喻其实都是手指，它们是可以指向社会科学、心理学等学术领域的。

比如路径依赖在经济学、心理学、社会学、政治学中的运用，从中国古代的重土难迁、积习难改、泰山易改本性难移等隐喻中都可以阐发出来。

比如积习难改的习，古代学和习是分开的，习主要是练习的意思（可参考拙著《论语原解》对"学而时习之"的阐释），我们平时练习的是什么？主要还不是职业技能和专业知识？所以它本身就具有路径依赖的喻义。即便我们把习理解为习气、习惯的意思，而习惯正是诺思所讲的物理惯性在心理学中的贯通。

而喻在不同领域的贯通性其实很像是路径依赖。

英美等国铁路的两条铁轨之间的标准距离是4.85英尺，约为1.435米。为什么要采用这个标准呢？原来早期的铁路是由造有轨电车的人设计的，而4.85英尺正是有轨电车所用的标准。这些人直接将电车的轨道标准挪到火车上了。那么，有轨电车的标准又是从哪里来的呢？

最先造出有轨电车的人以前是造马车的，他直接用马车的轮距标准作为有轨电车的标准。但马车为什么要用这样一个轮距标准呢？

这是因为英国马车车辙的宽度是4.85英尺，所以，如果马车用其他的轮距，那它的轮子很快会在英

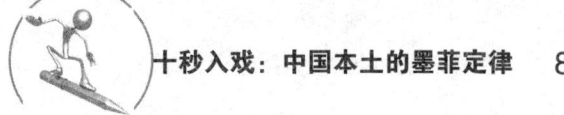

国的老路上损坏，所以只能采用旧的标准。那么这种车辙宽度又是从何而来的呢？

是从古罗马人那里来的。因为在古代整个欧洲包括英国的长途老路都是由罗马人为其军队所铺设的，而4.85英尺正是罗马战车的宽度。任何其他轮距的车在这些路上行驶的话，由于轮子不在特定的距离，轮子的寿命都不会很长。

我们还可以再问，罗马人为什么以4.85英尺作为战车的轮距呢？原因很简单，这是牵引一辆战车的两匹马屁股的宽度。

故事到火车还没有结束，美国航天飞机燃料箱的两旁有两个火箭推进器，因为这些推进器造好之后要用火车运送，而路上又要通过一些很狭窄的隧道，而这些隧道的宽度只比火车铁轨宽了一点，因此火箭推进器的宽度最终是由铁轨的宽度所决定的。

所以，最后的结论是："路径依赖"导致了美国航天飞机火箭推进器的宽度，而这个宽度竟然是2000年前罗马军队的两匹马的屁股的宽度决定的。

"路径依赖"很像是惯性作用，一旦人们选择了某条道路，惯性的力量会不断强化这一选择，并让一个人很难走出去。

路径依赖是对一个现象的贯通性运用，属于一个喻，但这个比喻很接近喻学的贯通性了。

如果我们说道格拉斯·诺思差一步就发现喻学了，也是合情合理的。如果他再进一步发现华夏喻学的基础理论，那华夏古文明可就真的悲剧了。

对于路径依赖，事实上现代社会无处不在，比如西方兴起的标准化，事实上工业制造可以有无数种标准，但自从通用汽车采用标准化之后，很多工厂开始标准化，一个国家标准化了之后，相关国家就会跟着标准化，比如欧美的标准和苏联的标准。

标准化的强大之处在于，只要一个环节标准化了，相关环节就会紧跟着标准化，从而形成一个整体的标准化。

那么这个标准化科不科学呢？是否是最合理的？是否是最高效的？是否是最节约的？

当一个标准化形成的时候，即便它很不合理，很低效，很浪费，都很难再改变了。

所以如果以后要制定新事物的标准化，一定要重视路径依赖的作用，因为一旦形成标准化路径，那就

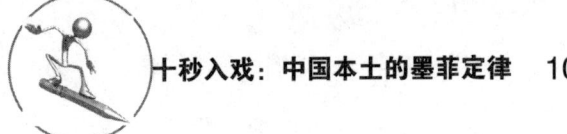

再也难改了。

而喻学的运用主要特点是什么呢？就是在见到一个未曾认清的新事物时，人类往往从已经认知很久的旧事物中寻找规律和经验，贯通到对这个新事物的认知中来。所以说喻学的贯通性本来也是人类认知心理中的一种路径依赖。

西方的效应之学并不新奇。

事实上，中国人有很多这样的运用，比如古人将围棋用于兵法、政局的演练，而今人的诸多著作，如将《孙子兵法》《道德经》用于商战、职场、政局等，事实上都是对喻的贯通性的拓展运用。

西方语境下的效应，事实上就是古老的比喻、譬喻、寓言的一种拓展的贯通性的运用。

但一包装成现代语境的名词"效应"，就显得高大上起来，那么现在在本书中，我们用喻学来重新阐释它，但在称呼上，我们就暂时用现代人比较适应的效应吧。

中国文化不善阐释，许多好东西被西方语境一包装，立马就变得高大上了，我们文明和思想中一切好的东西，被西方语境一包装，就变成了人家的东西，就变成高大上的西方文明了，然后我们用它们来鄙视我们自己。

社会定律和效应是西方人搞出来的，但西方人没有发现华夏喻学的原理，他们的社会定律和效应并不完善，如果它能成为一门学术的话，那它只能是华夏喻学在人类心理学、社会科学领域的一个小分支。

因为社会定律和效应所运用的其实是喻的跨领域贯通原理。用喻学原理来讲社会效用，使它具有了一种哲学之上的本质，也许它应该更加高大上了。

要知道，东方古代对比喻的发展可比西方要强大得多。但我们得承认，在理之贯通的层面，由于我们数学、物理等学科的落后，我们在社会定律和效应这方面也远远落后于西方了。

事实上，在中国流行的诸多西方效应，根本就是不正确的，或者说它们并不科学严谨，甚至通不过最简单的逻辑的验证。

比如说这些效应中比较简单的布里丹毛驴效应：

一个名叫布里丹的人养了一头小毛驴，他每天向农户买一堆草料喂养它。有一天，这个农户额外赠送

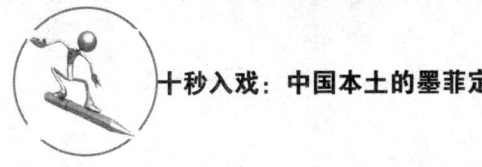

了他一堆草料，于是布里丹将两堆草料都放在毛驴的旁边。但是，这可给小毛驴出了个大难题，因为两堆草料大小相等、质量一样、与它的距离也等同，它究竟该吃哪堆呢？虽然毛驴可以自由选择，但是它却始终在两堆草料中间徘徊着，左看看，右瞧瞧，根本拿不定主意。最终的结果让人大跌眼镜，可怜的小毛驴竟然眼巴巴地看着两堆草料活活把自己饿死了。

根据这一现象，布里丹总结出有名的心理定律——"布里丹毛驴效应"，这个效应主要是指在两个相反而又完全平衡的推理之下，随意行动变得不可能。人们往往会在决策过程中犹豫不决、迟疑不定。正因为对左右两端都不肯放弃，所以无法做出有效且快速的决策。

布里丹效应的喻体显然是荒唐的，因为世界上不可能存在这样一头驴子，它的智商高得能在面对选择时把自己饿死。我们都知道动物是凭本能活着的，它不可能在饥饿的时候会思考自己该吃哪一堆草料，而只会在饥饿时随机啃食一堆。在这个效应里，布里丹显然撒了谎，如果是中国的寓言就绝不会这样说，而是会把这个故事背景放在一个虚拟的情景之下，比如说北海有鱼、南山有鸟……但布里丹却将这个故事的背景放在他自己的现实生活中，显然，西方学者对寓言、比喻的掌握并不怎么好。

如果说喻体是效应的源头，那么这个源头本就是错误的。而它的本体又如何呢？它的本体也只是一种假设的本体，因为早在2007年出版的《决定健康的八大平衡》里面，就提出绝对的平衡是很难出现的，世间只存在相对的平衡、动态变化的平衡。比如人体左右是平衡的，但事实上，我们右边肢体的力量要强于左边，右肢的熟练度也强于左边，甚至于我们左右两边的重量也是右边大于左边，即便是左右完全对称的手指，其指纹左右也是不同的，比如有着簸箕和斗的区别……

即便是机械制造出的事物左右是物理平衡的，但它们在运行起来时依然面临各种不平衡，比如飞机在飞行中风向会给机身造成失衡，左右乘客的载重量不同也给它事实上造成失衡，它只能做到一个相对平衡、动态变化平衡，完全平衡是不可能的。

连物理制造的事物都不能完全平衡，何况变化万端的社会和心理？从充满各种变化的社会情况里推理

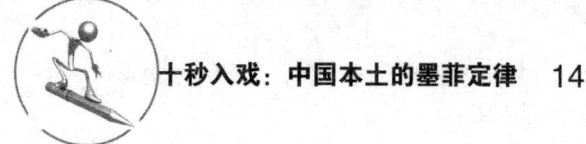

出两个完全平衡的推理是更加不可能的。

既然相反又完全平衡的情况几乎不存在，那这个效应事实上只有两种可能，要么它没有任何实际应用价值，要么它表述并不恰当，也不严谨、逻辑。

布里丹效应显然是错的，错在它的表述不严谨，它的表述忽略了我们在本节开头提到的这个世界最基础的贯通原理：动态变化的相对平衡。

如果想让布里丹效应有效的话，它就应该修改表述，即将"两个相反而又完全平衡的推理"改为"两个相反而又接近于平衡的推理"。

另外，虽然所谓的社会（包含心理）定律和效应是从西方兴起来的，但他们的诸多定律、效应的得来，却很显得有些草率。我在本书中引用的大多数西方效应，都有一个特点，就是它们都是某位学者或教授，找几十个人轻松试验一下，就得出来的。我们怎么可以从几十个人的一次随机试验中就轻易得出一个社会定律呢？反观中国的喻则不然，除了更严谨外，它们往往是从很多社会和生活中的经验总结出来的，很多甚至是通过亡国的鲜血中的教训总结出来的。所以在我看来，中国古代的寓言要更严谨科学一些。

五音效应→排列
组合定理–重复（肉腻）效应

人类的情绪需要新鲜感，一个重复的事物会令人逐渐失去兴趣，所以我们看到很多连续的电影如果续集没有新鲜感的话，就无以为继。

这就好像人吃肉吃多了，就会感到腻，肥肉尤其如此。

但是排列组合效应能减缓或避免肉腻效应。

我在《古诗小论》里讲排列组合是诗歌的本质，其实对效应来说，它一样适应，不同的效应要排列组合起来才会产生效果或产生更好的效果。

排列组合不仅仅是诗歌的本质，它事实上是世界无数现象背后隐藏的本质。

当我用喻学的原理将它扩展到人类的认知领域时，它的作用就再度被扩展了。

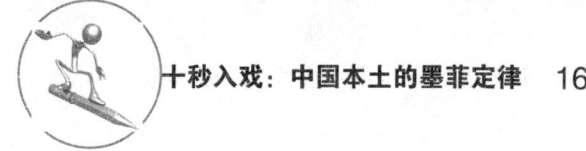

　　排列组合是一个数学概念，是一个数学基本原理，但它能应用到各个方面，我在讲唐诗的时候，讲喻文字的时候，都用这个定理进行过贯通。

　　事实上古人早就意识到排列组合这一基本贯通定理了，《孙子》里讲"声不过五，五声之变，不可胜听也；色不过五，五色之变，不可胜观也；味不过五，五味之变，不可胜尝也。战势不过奇正，奇正之变，不可胜穷也。奇正相生，如循环之无端，孰能穷之哉！"

　　五声如何变才不可胜听？显然是进行不同的排列组合，随着长度的变化，五声排列组合越来越多，于是就有了不可胜听的音乐。

　　同样的道理，我们之所以沉迷于戏中，就是因为戏也是不断地重新排列组合。

　　为什么即便是"手撕鬼子"这样的电视剧也有很大市场，也有人愿意看？抗日剧是最大的类型剧，每年的出品量是最多的，为什么人们总是看不厌？因为不同的剧往往会有不同的面孔，如果面孔有雷同，还有不同的环境、不同的事件……

　　人类对事物的新鲜感在于，只要有局部的排列组合变幻了，就会避免重复效应。

比如夫妻之间要避免重复效应带来的新鲜感失去，学会进行新的排列组合是很有必要的，声色光影……其实求取新鲜感的空间是很大的。

排列组合定理其实在科学上应用得最广，比如新材料和合成材料，要对不同的排列组合进行检验，直到找出一个最佳的比例分配，而这个比例分配就是无数的材料比例的排列组合中的最优解。

而在艺术创作上，五音效应+排列组合定理是解决我们创造思维枯竭的有效方法。

排列组合定理是喻学中的一个基础性贯通原理，它在任何一个认知领域都有充分地运用。

所以在本书中，经常可以看到效应之间的关系，它们有的是平行关系，有的是递进关系，有的是组合关系，很多效应组合起来，就产生了一种必然的结果或新效应。而这些复杂的关系组合起来，就是上一节中所讲的概念树（可参阅《局道》《王子居诗词：喻诗浅论》《龙山》等著作）。

客观事物之间的关系本来就是一个立体的关系，树型关系是其中比较复杂也比较圆满的一种，它相对

来说比较立体地体现了事物之间的因果关系、本末关系、层级关系、平行关系、递进关系等各种关系。而由客观事物总结出来的概念，自然也具有概念树所体现出来的关系。

在对客观事物进行理论地抽象分析、推理、归纳、总结的过程中，如果你得到的知识不是一个概念树，而是一个平行目录，那就说明你得到的知识并不是真正的知识，或者只能说是不具立体维度的平面知识。当前图书市场上流行的以《墨菲定律》为代表的社会效应类图书，基本就是平行的纲目。

所以事实上，社会定律、社会效应的概念虽然是在西方兴起的，但喻学的贯通性却使得它真正的发扬光大必然会是在中国。

阴阳二分哲学+边界
效应-蝙蝠效应-破鼓效应

关于蝙蝠的寓言，我在初中的时候读过这个故事，但以下版本不知是不是原版：

人们看到蝙蝠只与同类成群飞翔行走，既不与鸟类同飞，也不与兽类共行，为什么呢？

原来，一开始的时候蝙蝠是既与鸟结伴，也与兽为友的。不论鸟兽谁发福利，都有它的份。到了鸟那儿，它说："我会飞，我是鸟。"到了兽那儿，它说："我是兽，我胎生。"所以，它两边领福利。

这一年，鸟类为鸟王凤凰过寿诞，喜鹊找蝙蝠收钱。它说："我不是鸟，你们是卵生，我是胎生，所以我是兽，不能给鸟王送礼。"而兽类

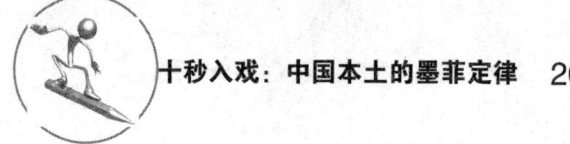

也给兽王老虎过生日，马儿去找蝙蝠收钱，它说："我不是兽而是鸟，你看我会飞，而你们不会飞。"钱也没有交。

后来，凤凰与老虎碰了面，互通了情况，异口同声地感叹道："像这种亦禽亦兽非禽非兽的东西，理他作甚!"从此，不论鸟兽，再也没人与蝙蝠作伴了。

这个寓言很明显是讽刺人的首鼠两端、两边占便宜又两边不奉献的。

事实上蝙蝠效应的边界很明显，它可能只在特殊的情况下适应，在中国的现实情况里，只要不是面对你死我活的斗争，蝙蝠效应就会是另一种情况，那就是蝙蝠虽然不冒尖不突出，但它会活得很轻松，很安然。因为它谁也不得罪，只有在它惹到凤凰和兽王的时候，它才会被孤立。这很像是两边斗争中不肯站队的人，事实上，中国儒学的中庸之道，就是一种不站队的思想。

所以蝙蝠效应其实是个二分效应，它既有好的一面，也有坏的一面，比如前面蝙蝠占了很多便宜，只是占便宜多了才被孤立。

　　西方有一个破窗效应，但中国早就有墙倒众人推、鼓破万人捶（擂）、痛打落水狗的比喻了。只是可惜中国古代的比喻往往太凝练，到了近代就有些读不懂了。

　　墙倒众人推，如果一个满怀恶意的人推倒了别人家的墙，到了别人家的院子里，那院子里的东西和屋里面的东西他会不取吗？一个没人住的房子，如果他的墙倒了半截，那众人很快会推倒其余半截，再然后自然就是屋子里的桌椅和锅碗瓢盆了……

　　再说痛打落水狗，人们打死了落水狗，难道会放过狗肉吗？甚至于，人们痛打落水狗除了解恨之外，更多的目的是为了吃一锅狗肉吧？

　　所以墙倒效应、破鼓效应、落水狗效应和破窗效应本质上是一样的。

　　外国人好不容易发现了个破窗效应，但中国人早就有至少三个了，只不过，我们不善于解读中国文化罢了，我们除了讲不好中国故事外，我们还讲不好中国文化。

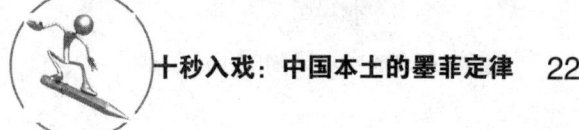

其实想讲好中国文化有时候也挺简单，比如你只要把寓言换个名词——效应，然后用逻辑推理分析的方法讲一下就好了。

破窗效应有一个比较典型的应用，据说二十世纪八十年代的纽约曾经是世界上犯罪率最高的城市，平均每一分半钟里就会有一个犯罪事件发生。这使得不少来到这座城市的商人、游客经常遭受各种无妄之灾。

美国的一些心理专家认为纽约是陷入破窗效应的一个典型城市：人们在大街上公然抢劫，在地铁车厢里写下污言秽语，在街道上随意乱丢垃圾……心理专家认为，如果有越来越多的人公然犯罪，越来越多的人在车厢里胡写乱画，在地上乱丢垃圾……其他人就会认为多自己一个也不多，他们也会开始在环境的暗示下走上犯罪或者是破坏的道路。所以慢慢地，纽约成了一个地地道道的脏、乱、差的城市。

美国政府意识到纽约的混乱是国家的隐患，于是大力整治当地的治安。

美国政府花钱清洁了全部地铁车厢，并派专人抓捕在车厢里任意涂鸦的人，然后将其铐在月台上以儆效尤。同样的整治力度也扩展到街道的各种抢劫事件、丢垃圾行为等诸多方面。经过长达三年的全面整治，才使得纽约脱胎换骨，最终以崭新的面貌再次成为世界著名的经济贸易中心。

发生在纽约的破窗效应会不会在北京发生？显然是不可能的，因为更多人看见别人乱写乱画不会想到自己也可以，而是会很鄙视这种行为，乱丢垃圾也一样，因为从二十世纪八十年代的五讲四美三热爱开始，经过这么多年的教育，中国绝大多数的年轻人已经杜绝了随地吐痰、乱丢垃圾这样的恶行。破窗效应的应用是有其边界的，它只适应较低层次的情景，即公民素质很高的情境下，破窗效应是不存在的。

即便是破窗效应的喻体本身也有问题，现在已经是高科技时代了，到处都有摄像头，谁还敢把破窗进一步打碎，去偷车里的东西呢？

引申其喻义，随着网络信息技术的发展，原先的很多漏洞已被技术弥补，想要破窗而入而不受惩罚已经不可能了。

比如现在的网络支付，每一笔交易都能查到，原先那些破窗而入的灰色交易、黑色交易都无法实现

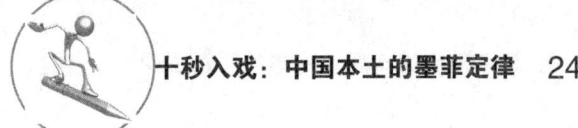

了，破窗效应的边界正越来越小。所以随着国家的法律越来越健全，破窗效应的应用面就越来越窄。

破窗效应的存在前提是，进入破窗后不会被发现，不会受惩罚，但当法律健全、科技进步之后，破窗效应的应用边界变得越来越小。即便是在古代，破窗效应也有着其应用边界，比如在一群虔诚的佛教徒、一群虔诚的儒者之中，破窗效应就是不存在的。

所以随着科技的发展，很多效应也已失去了它们原有的适应领域。

以人类的大多数情况来看，破鼓效应是个边界效应，它一样不适合全部情况。

但你读到的书里有时候会夸大它的作用，因为图书追求社会效益的同时也是追求市场效益的。有些人认为，如果不大力鼓吹其作用，书就可能不好卖，这就导致事实上你读到的一些图书、文章，写手教你如何如何时，他们是不会说他们那一套办法是有应用边界的。

我在这里讲的边界效应并不是西方心理学里的边界效应，这里的边界效应是一个关于效应的定律，即任何效应都有它应用的边界，一旦达到这种边界，它就会不再适用，也就是说在边界之外，这个效应是无效的。

　　同样的，其他各个学术、认知领域也适用边界效应，边界效应和排列组合效应一样是一个基本的贯通定律，但一个是有效的，一个是无效的。

　　当代中国人看到的墨菲定律及各种效应，其实已经庸俗化、浅薄化了。它们同《孙子兵法》商用、《道德经》商用一样，被浅表化叙述了。

墨菲定律是错的？

只要是稍微有逻辑判断思维习惯的人，就能察觉到墨菲定律的问题。

其实批判墨菲定律的人有很多，知乎上很多人将之视为小概率事件，更有人将这视为算命一般的迷信，也有人斥之为骗子、神棍，不管何种批评，它的流行确实是一个错误。

事实上我在网络上都找不到墨菲其人的准确资料，甚至在十几年前我见到的墨菲简介是说墨菲定律是在墨菲提出它之后的第二年的"搞笑诺贝尔奖"中获奖的（这份电子稿一直在我的电脑里）。也就是说，如果我十几年前看到的简介准确，墨菲定律在国外本身就是个"搞笑的"，它只是一个流行的笑话，但后来因为流传久了，于是有些人就利用它开始赚钱，将一个笑话变成了学术。

　　墨菲定律的本质其实就是一种纯粹的恶搞，据说它在半个多世纪以来，经常搅得世界人心不宁，它甚至被认为"我们解决问题的手段越高明，我们将要面临的麻烦就越严重。事故照旧还会发生，永远会发生"。这个逻辑显然就是那种"人算不如天算"式的算命式心理。比如现代科技发展，人类的粮食问题得到了很大程度的解决，以至于农民起义的旧问题很难再在中国发生了，同时，人类的寿命增长了，虽然我们面临很多新的问题，但现在的问题显然远不如古代大饥荒饿死人那么严重。

　　现代的很多书籍、网络文章里都这样表述：墨菲定律最简单的表达形式是越怕出事，越会出事。显然这个表述是不科学的，并不合乎逻辑，我们日常的经验其实是："越是担心、紧张一件事，就越会做得细致，就会投入更多精力，从而避免出事。"

　　必然会出事的事情，一定是我们的能力远远不及的事情，但我们为什么要追求一件全力亦不可及的事情呢？这是很不理智的。

　　即便我们从比较狭窄的心理学逻辑"因为担心，所以慌乱，导致办错事"出发来理解这条所谓的"定

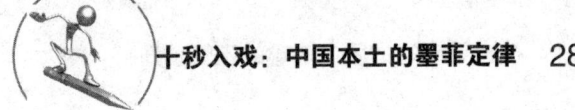

律"，它也是片面逻辑的，因为很多人担心出事也不会乱了阵脚，因为担心恐惧而乱了阵脚的，显然处事并不够成熟。而现代职场的锻炼使得很多人在处事时是成熟的，何况越是担心的事情就越会认真预演，所以"因为担心，所以慌乱，导致办错事"本身在社会逻辑和职业逻辑上是不成立的。

一件事情能够令一个人担心恐惧，可能是因为它在理智的研判中，本就是一件毫无把握、无法阻止的事情，比如一个犯罪分子知道警察已经掌握了充分的证据，被抓已经是个大概率事件，他担心被捕，也自然会被捕。

又如，一个职员在秋末冬初的时候，还没有完成年度任务的三分之一，他大概率认为今年是完不成任务了，可能会被辞退，他担心如此，也自然极有可能会如此。

墨菲定律的"越是担心，越会出事"这一条"定律"显然只在这种情况下有效，而这种情况属于少数，少数情况是不能视为定律的。

"越怕出事，越会出事"的表达在逻辑上显然是错误的，它反向诱导我们："只要不担心出事，就不会出事。"事实上结果恰恰相反。

墨菲定律的原版是这样的："如果有两种或以上选择，其中一种将导致灾难，则必定有人会做出这种选择。"

这个概念从本质上来说也称不上是一个定律，因为这只是一个常识，在逻辑上，在历史上，人类选择一个导致灾难的选择，这样的例子是举不胜举的，一个人选择错的做法，几乎每时每刻都在发生。

墨菲做出这一论断之后，斯塔普将其称为"墨菲法则"，并以极为简洁的方式做了重新表述：凡事可能出岔子，就一定会出岔子。

请问这个世界上有哪一件事不可能出岔子？

任何一件事都可能出岔子，按墨菲定律的逻辑，所有的事都一定会出岔子。但事实却是，人们通过工作的缜密性避免了出岔子。如果墨菲定律有效，那人类就什么事也做不成了，因为在理论上任何事情都是可能会出错的。

另外，在中国流行的诸多墨菲定律里，还有极端表述："如果坏事有可能发生，不管这种可能性有多小，它总会发生，并造成最大可能的破坏。"

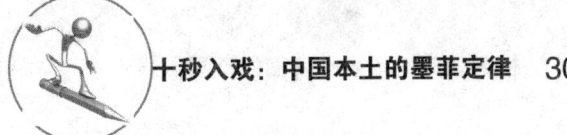

如果墨菲定律是正确的，人类早就灭绝无数次了。因为无论是气候突变、生物灾难、瘟疫灭绝、火山地震、星球相撞、核战争……都是可能发生的，但它们不会"总会发生"。

无论是推理逻辑还是事实逻辑，墨菲定律都通不过它们的检验。

墨菲定律有点像算命，那就是每当失败了或经受坏事之后，就把它归为"这是一定会发生的事"。

比如很多书上和网上总结的墨菲四分定律，也是不准确的。

1. 任何事都没有表面看起来那么简单；

2. 所有的事都会比你预计的时间长；

3. 会出错的事总会出错；

4. 如果你担心某种情况发生，那么它就更有可能发生。

事实上，有些事情就是特别简单的。因为有复杂的事情就会有简单的事情，中国古代哲学里讲究的化繁就简、举重若轻，是真正的智慧，"任何事都没有表面看起来那么简单"，在学理上有其道理，但在人类社会的运用中，它只能是一半适应。

　　所有的事都会比你预计的时间长，这个所有的也不正确，因为每个人都会经历特殊的例外，比如我们去政府办事，以前有很多手续，但现在改革了，当你去办事的时候，所花的时间就会比你预计得短很多。

　　最后两个分定律，我们上面已经论述了。

　　总的来讲，墨菲定律的表述极不严谨，比如说所有的、任何事，这样的表述在严谨的学术理论中是不应该有的。

　　总的来讲，在中国流行的墨菲定律，有很强的主观唯心附会的色彩，如"如果你担心某种情况发生，那么它就更有可能发生"，就是那种心灵招引的思想在作怪。

　　墨菲定律的错误在于，它将低概率事件夸大到"任何事""所有的"，这样它就逾越边界效应了。

　　中国古人讲的"常在河边走，哪有不湿鞋""上得山多终遇虎"，无论是湿鞋还是遇虎，都是低概率事件，千百次中才有一次。

　　墨菲定律用来作为一种警醒，发挥一种警示职能，是可以的，但如果把它当成金科玉律，那就行不通了。

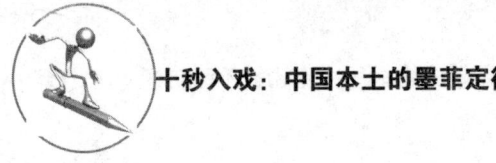

墨菲定律在中国发展出了很多中式推论，不过它们有很多已经沦为了无益的心灵鸡汤，下面就让我们来看一下。

我能看到的被贯通延展的墨菲定律有近两百条之多，其中不乏搞笑的，如"笑一笑，明天未必比今天好"，这一条是"会出错的事总会出错"的另一种注脚，而"好的开始，未必就有好结果；坏的开始，结果往往会更糟。"虽然也十分搞笑，并强调了人类失败的高概率，但它事实上还是很有些道理的，因为中国古人早就总结过"不如意事常八九，可与人言无二三"，大多数人都是"打掉门牙咽在肚子里"。其他搞笑的如"你早到了，会议却取消；你准时到，却还要等；你迟到，就是迟了。""你若帮助了一个急需用钱的朋友，他一定会记得你——在他下次急需用钱的时候。"虽然都不是高概率事件，但却也都有些道理，如果我们用边界效应的原理来看待这些被无限贯通发挥的墨菲定律，它们还是颇有哲理的。

而这些定律中也有一针见血直指人心的，如"任何简单的理论均会给予最复杂的文字表述。"这条就很好地指出了学术界故作高深、靠卖弄学术语言来装高大上的不正之风，它指出了那种为学术而学术的学者，搞出来的其实很简单却又包装得很玄奥的论文。又如"浪漫就是常识从窗口飞出去了"亦是一针见血的生活哲理。

第二篇

十秒入戏：你的大脑如何被诱拐

SHI MIAO

NI DE RU HE BEI YOU GUAI

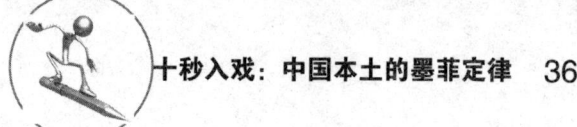

入戏效应

"人生如戏，戏如人生"。

这个互喻最早是源自哪里的，恐怕已很难考证了吧。

所有的人都知道，戏是假的，就连我那一生都看黑白电视的奶奶，也时时让我听得到她那种感慨："演戏演戏，都是演给人看的""别说戏都是假的，有时候演得也像那么回事"……

艺术来源于生活，更要高于生活。来源于生活决定了，戏本就是人生的反映，但戏毕竟是假的，且既然戏来源于生活，那么戏就一定会充满各种谬误。又由于戏是编出来的，肯定不会像人生那样要认真对待，谬误就更多了。

"每每入戏已太深"，有时候人生也犹如一场戏，入戏太深了出不来，人生往往走向毁灭。

人生如同演戏，要扮演好不同的角色，在这幕剧里，是父亲的同时还是儿子，是爷爷的同时还是孙子，同时还得是丈夫，是兄长的同时可能还是弟弟，是上级的同时还是下级，是同事的同时还是客户……

极少有人像周润发的演技那么好，可以在一部电影里演两个完全不同的自己。所以我们的人生里充满遗憾，要不就是没做到一个好儿子，要不就是没做到一个好父亲，或者没做到一个好上级，或者没做到一个好下级，或者没做到一个好导演，或者没做到一个好演员……

人生如戏，其实和往事如烟一样是十分悲观的比喻，我们求真爱，求真情，最后往往都是一幕幕戏，成了戏的往事，自然也就如烟一般淡去。

追剧早就成了经常现象，因而也就有了追星，很多人只能在虚拟世界里寻找到梦想所爱，亦只能在虚拟世界里实现不凡……

人是生活在现实世界里的，但随着信息技术的发展，虚拟世界占比越来越重，人有更多的时间生活在虚拟之中。

迷恋网络游戏的年轻人，可能除了吃饭睡觉外，

都活在虚拟世界里。今年某个高校公布研究生退学名单，其中有一部分人就是因为沉迷网络游戏，从而耽误了学业导致研究生无法毕业。

为什么我们沉溺于虚拟？因为在虚拟世界里我们可以拥有绝世武功，可以笑拥绝世红颜，可以征服世界，可以成仙永生，可以任意杀戮，可以拥有巨富，可以为所欲为……

这些都是现实世界得不到的。

西方学者预言人类在几百年后会有百分之九十九是在虚拟中，只有百分之一才是现实世界。

到了那个时候，就不是入戏太深，而是整个世界都在戏中了。

十秒入戏这个效应，会随着虚拟技术的不断发展而变得一天比一天更加重要，它的价值也会一天天更加凸显。

我在给演学定名的时候，主要的参考标的就是古代的衍化和现代的沙盘推演、模拟演练、戏剧电影之表演。

喻学体系里最重要的是演学，而喻诗、文学、戏剧、电影，都是演学的分支，其中戏剧、电影其实几千年前就有了，古代的优伶就从事着最原始的表演。我们既可以用它们来演示人生、世界，也可以沉迷在其中无可自拔。

虚拟世界无非是人类世界的一种演化，但重要的是，随着信息智能的不断进步，人类演化出的虚拟世界占比越来越大是大概率的事件。

而事实上，很多学者已经在研究人类世界是否也是一种程序世界，甚至有人提出人类世界或许本身就是一种游戏推演……

演学能进步到这一步，人类演化出的虚拟世界将会在人类生活中占据主要部分，是我们即将面对的重要课题。

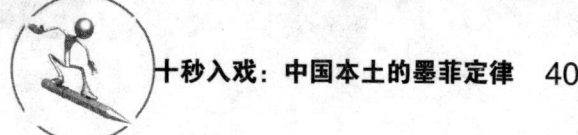

十秒入戏

十秒效应：人类的心灵进入一场戏里只需要十秒（这是个约数，每个人也许不同），同理，人类接受一个错误的理论或知识也只需要十秒，只要在头十秒没有质疑，并顺着这知识深入下去，那大多数人一生都不会质疑。十秒即入戏（代入），入戏即沉迷，从电影电视剧，到游戏，到小说，到文学，到学问，到跟着明星炒股……

代入效应：人们之所以能读玄幻小说这些离谱的东西，是因为把自己代入成为主角或其他角色。同理，人们看电视剧、电影时，都常常自觉或不自觉地把自己代入一个或多个角色，代入角色越深、越多，对这部剧或小说的痴迷就越强烈。还有代入一个虚拟的场景、世界也是代入效应的一个主要的代入……

你犯一个终生都错的错误需要多长时间？只需要

十秒。

你因为十秒效应而终身都在坚持的错误有多少？

无数个。

十秒入戏是我经过很多次怪异的体验才发觉的，因为我有二十多年没看过电视了，我家里没有电视，我偶然会看一个电视是在我出门的时候，那时候会被动地看。

比如我回家乡的时候，母亲看的那些剧，我可能在吃饭的时候或者在进出她屋子的时候看到，这时候我发现一个奇怪的现象，那就是我路过时看到电视里的影像，会觉得好假，好做作，十分地可笑。我会感觉奇怪这样的电视剧母亲怎么看得进去。

但当坐下来后，如果我的座位正对着电视，那它就会侵入我的眼睛，而一顿饭的工夫，我就在那看着、听着，这时就不觉得假了，也不觉得做作了，也不觉得可笑了。

尤其当我母亲看肥皂剧、琼瑶式爱情肥皂剧时，如果我在外面隔着玻璃看到一个镜头，那种真傻、真假、真好笑的感觉就会更加强烈。但当我坐下吃饭

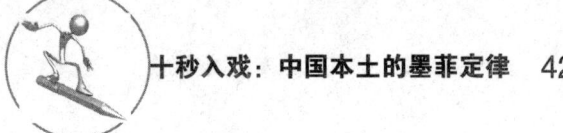

时，对着这电视剧也就看进去了。

后来我到济南朋友家，终于发现这个秘密了，就是我朋友不喜欢某一个演员，他演的抗日剧我朋友觉得很假，而我朋友的夫人却觉得演得不错。

我坐在沙发上看报纸，他们谈论的时候我就抬头看一眼，觉得真的好假，他们的表情太做作了，每看一次都这么觉得，但当我报纸看完的时候，只好看这个剧，看了一会儿就不觉得假了，而且还会被这个剧的剧情吸引。

后来我经历过多次这种现象，就是刚开始接触的时候，总会觉得好假，试想演员本是一个现代人，却要去演出古代太监的形象，本是一个普通演员，却要演出皇帝的感觉，本来手无缚鸡之力，却要演一个武功高强的女侠……这怎么不让人觉得好假。

我有时候在半夜时会看一个电影，但我看电影没有耐心看开头结尾，总是快进找高潮，由于是半夜三更，怕惊扰邻居，所以是静音的，这时忽然截出一个图来，没有声音，就觉得好诡异，但当看进去之后，就会被它吸引，那种诡异感就没有了，如果中间起来倒水或上个洗手间，回来看到它的暂停画面，就又觉得好诡异，画面上的人无论神情还是动作都好假、好做作……

比如看《变形金刚》，激烈的大场面很动人心神，但当暂停在一个画面上时，比如擎天柱高喊"为了自由"时，忽然就觉得画面里的他好假好可笑。

无论电视剧还是电影，它们的本质都是假的，都是假的形象、假的人生、假的事件、假的感情、假的世界……

无论电影还是电视剧的世界，都是虚假世界，但如果一个人不能保持清醒，只要他看下去，那么十秒钟之内，他就会沉入这部剧，再也不会在主观意识中有"这些全都是虚假的"这种清醒的意识。

事实上还有一看就特别假却依然让人入戏的神剧，网络上举出的如：

黑虎掏心、手榴弹炸飞机、子弹拐弯、飞刀快过子弹、弓箭射坦克、现代武器穿越、主人公都是漫威英雄、血槽无限、神功盖世、轻功水上漂、石头炸飞机、奇装异服、一群姨太太个个是神枪手、发胶发型一丝不乱、战场上抽雪茄、瞄准镜放在发际线、弹弓神器、蓝布隐身、刀枪不入、万物皆武器……

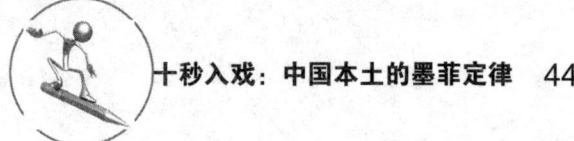

　　以及其他的如雷人的台词、雷人的剧情、雷人的布景……但我们有没有想过这样一个问题，那就是如此的雷人神剧，为什么还有人愿意看？还有人坚持不懈地拍？

　　因为十秒入戏+代入效应。

　　只要我们入了戏，就觉不出它假了，你能觉得它雷人、假，是因为没有入戏。我个人就不喜欢描叙真实生活的电影，年轻时我更喜欢神话、科幻、超级英雄、漫威、武侠、动作、军事战争，甚至有一段时间我每次回家都要被动看被视为神剧的一个杀几十个的燕双鹰系列……

　　据说印度人拍的神剧比我们还出格，尤其是印度南部的电影院，非常喜欢神剧，超级英雄不是中国动作片里的一个打十个，而是一个打几千个、几万个……但它们依然有很多人喜欢。

　　只要你在十秒钟左右入戏了，你就会产生一个代入效应，将自己代入成为这部剧的主角或其他你喜欢的人，从而再也感觉不到它有多假。

　　批评神剧假的，大多都是一些影评家或专门挑刺的人，他们没有入戏，自然看得出虚假，而一旦入了戏，我们就会被剧情波折、人物感情所蒙蔽，仇代入之所仇、恨代入之所恨……

现实逻辑中的问题，在精神自我代入戏中之后都不是问题。

因为入戏之后的代入效应决定了我们已经被剧情中的情绪所带动了，如果剧情里的情绪带动不了你，那你就不会入戏……

而我们为什么要看电视剧看电影？本身就是为了获得入戏的精神快感。

但当我们出离剧情之后，如果有人把一张截图或一个片断拿来给我们看，离开了情境，我们就会觉得这真的有点假……

只有没有入戏的人才能找出这场戏的种种虚假、种种毛病。

在二十世纪的八九十年代，香港的影视业比大陆要发达很多，他们对戏的感悟其实挺深刻的，比如歌手们唱的"每每入戏已太深"……

很多入戏很深的演员，最终影响了自己的人生，甚至有人为之付出了生命（比如西方那个著名的小丑演员）……

就好像《盗梦空间》里在三重梦境之中悄然不觉地种下一颗意念种子一样，你永远也不能完全清醒地察觉自己在入戏的过程中心灵里究竟被种下了什么。

无厘头效应的真相

在电演这个世界里，凡是力求其真的其实都是假的，反而显得很假的才是真的。

为什么周星驰被一些人称为"中国最伟大的演员"？因为他是有电影史以来，唯一一个用刻意的虚假来拍电影的人。

比如打死小强的桥段，韦小宝查封贪官的桥段，都是明显地假，但却能给我们深刻的感觉。我们年纪大了以后，我们甚至从中读出了隐喻。

在我目前所知的演员中，他是唯一一个对影视的虚假本质有着始终清楚的认知并充分地利用了这一本质的人。

周星驰的电影有人喜欢有人厌恶，比如有人认为他的电影低俗，但这并不能掩盖他的天才认知中对电影假象本质的认识和利用。

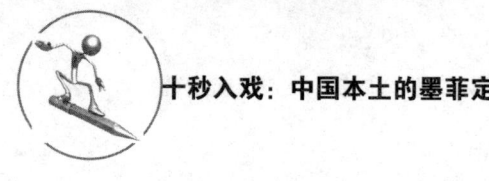

在香港人的传记里，周星驰有六年的龙套生涯，这六年里，他主要演死尸（可能主要是这种角色），除此之外，就是旁观别人的演技，而旁观演技比我在前一节中讲路过电视时的感觉会有更深刻的感觉，因为演员一次表演不过，需要再来几次表演，这种努力做出不是自己的表演，自然会更令人感到假，事实上对我们也一样，如果我们刻意地观看一个镜头，比如好好的一个演员表演伤痛，对大多数演员来说，他刻意求真的表情是"很有喜感（好笑）"的，一个很普通的演员，非要去表演过去皇帝的气派，他自己只怕也会笑出来。传记里记载周星驰看到了别样的喜感，那些高大全的偶像形象，"很假，很不真实，我觉得很有喜感。"于是周星驰就在脑子里想象："如果让我演，我会再发挥一下，将这些假正经的东西推到极端，让它更有喜感。"

正是在这六年旁观别人演电影的时间里，无厘头的表演方式在他心里萌芽，正是因为六年的时间他不断地感受电影的假，所以他最终用假来达到真所达不到的效果。

除了周星驰之外，几乎所有的演员都拼命地求真，希望自己演悲剧时让人洒泪，希望演爱情时让人憧憬，演反派时让人痛恨，演皇帝的拼命让自己"气吞海内"，演乞丐的拼命让自己苦命寒酸，因为电影是假的，想让观众代入就要拼命演得更真。

但周星驰的很多电影的桥段都十分的显假，因为他那种夸张是跟电影传统中求真实恰恰相反的，他好像一边演一边喊："我在演电影啊，电影是假的啊！你千万不要当真啊！"

于是他一个人站在彼岸，这就是为什么陈佩斯之所以讲："要不然怎么叫他星爷，叫我陈老师呢？"

如果电影中的真假是隔着一条长河的两岸的话，周星驰孤独地站在彼岸。

因为充分认知电影假的本质，并充分利用这种本质，是与其他所有人逆向而行的。周星驰的电影其意义在于它们完全能破除代入感，因为你不可能在他的搞笑中代入自己，比如《唐伯虎点秋香》里的沉船、哭小强的桥段，我们是无法代入的，而只能旁观。即便你在其他时候代入了，他的笑点也能将你从那种脆弱的代入里崩出来。

因为运用了电影假的本质，所以也就能超脱传统

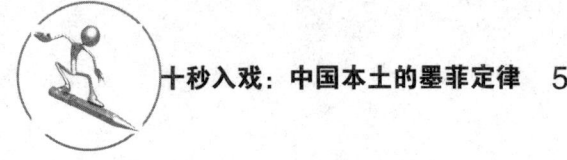

意义上的电影入戏所必需的代入感。

在《大话西游》成为现象级电影之前，周星驰的无厘头电影是一直被贬低的，但当《大话西游》风靡之后，很多人才开始意识到他电影的价值，其实这个时候周星驰的巅峰时期已经过去了。周星驰拍过的"正剧"可能只有一部《长江七号》，无论是求假还是求真，他能做到优秀，亦证明用假其实是建立在求真的演技之上的。而且最重要的是，如果影视界没有其他人能用假，那么他真没有必要去求真。

曾被传统竭力否定的无厘头才是电影的本质，这就是无厘头效应告诉我们的。

你认为真的其实是假的，你认为无厘头的其实探入了本质，其实才是真的。

这不是技术的差距，而是道的差距，是认知层次的差距。

《庄子》里说的道在瓦砾、在尿溺，虽然是夸张的说法，但也有其喻义在。很多时候，整个主流社会都看不起的新鲜事物，才可能是在未来能不被风吹走，可以留在历史中的。

被"传统""正宗"轻视的事物总是有很多的，

但谁又能保证未来它们不被发现具有留传于历史的价值呢？倒是大多的文化主流和正宗被风一吹就走了。

既然道在瓦砾、尿溺，那我们有时候从那些被轻视的知识中，也许能挖出金子来。

每个行业都有它的本质，认清行业的本质是成为行业精英甚至行业翘楚的基础，无厘头效应告诉我们，一个行业的真正本质是很难被认知的，有时候，恰恰是被你嘲笑、贬低的那个认知，才是真正的本质的认知。

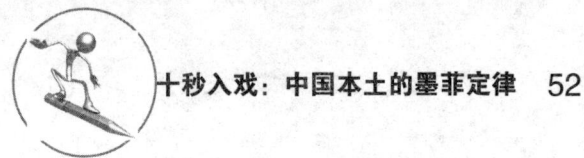

角色效应＋学生姿态效应

姿态效应是我们经常面对的一个效应，你是以一个什么样的姿态面对社会和他人？

在古代，"君为臣纲，父为子纲，夫为妇纲"，三纲五常其实已经固定了人的姿态。

而现在呢，人面对人的姿态有很多种，有的人视上下级平等，有的人对上级绝对服从，思想中国化的人视父母依然十分敬重有礼，接受西方教育的人则将父母视为"朋友"，孩子有对父亲畏惧恭敬的，有因父母的"朋友"思维而直呼父母之名的。

现代有很多小孩子直呼父母的名字，对我们那个时代的人来说，这简直就是不可能的。

不同的姿态必然带来不同的关系，不同的姿态会改变一种关系的本质和内涵。

将父母视为朋友的轻型关系和将父母视为天视为

地的重型关系，带来的关系本质显然不会相同。同理，我们在社会上也会有各种不同的姿态，很多年轻人受一些异常思潮的影响，总幻想着和上级做朋友，而事实上，在成熟的成年人那里，上下级之间是不存在友谊的。即便有友谊存在，也必须是在上下级的前提之下进行设置。

朋友就是朋友，上下级就是上下级，父母亲就是父母亲，老师就是老师，他们本身是不同的角色，因而有不同的关系，师生关系不能混淆成朋友关系，父子关系也不能混淆成朋友关系，前些年风靡社会的"跟孩子交朋友""成为孩子的朋友"，无疑是一种逻辑的错乱。

父母跟孩子具有独一无二的血缘关系，然后又有养育关系，老师对学生有教学关系，上级对下级有指令和服从的关系，而朋友就只是朋友，何况朋友是一个没有明确概念界定的概念，是一个模糊的概念？怎么可以用朋友这种十分疏松、没有任何约束力、没有任何明确的责任义务的概念，来取代其他有明确责任义务、明确层级关系的概念呢？

很明显的，前些时社会上流行的"跟孩子交朋

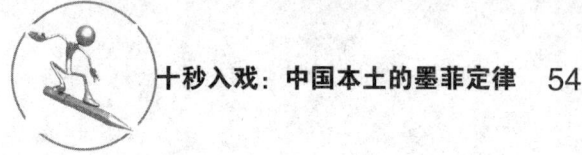

友""跟父母交朋友"是关系逻辑混乱的结果。

当我们将父子关系定义为朋友关系时，父子关系就会变得松散，这是由角色效应决定的。

而角色确定后，我们就会有不同的姿态，比如我们这一代人，对父母是敬畏的，我们采取的姿态就是一种敬的姿态，但现代一些年轻人受一些混乱思想的影响，他们就会视父母为朋友，视父母为朋友就会有一种平等的姿态，而不是敬的姿态。但我们要记住，父子关系、母子关系，其本质是生、养、育，跟朋友关系是完全不同的。

当我们将自己定义为学生时，我们的姿态就会恭敬、顺从、接受。

当我们以学生姿态接受知识时，如果我们接受的是一个错误的知识点、知识体系，我们就会一生都传承、运用错误的知识。如果有很多人传承、运用错误的知识，就会产生我在后面所讲的杜甫效应。

审丑效应

最近在网上极火的"年轻人不讲武德""耗子尾汁""我没闪""大意了""闪电五连鞭"，出自一位老大爷的视频成了2020年最火的现象，就连很多名人都来蹭他的流量。

马大爷不止一次成功地出圈，简直就是身兼武术界、喜剧界、表演界、娱乐界、鬼畜界、视频界的全网网红。

即便是他那场毫无任何武术价值的直播，也有七万多观众买单，而马大爷还参加商演、剪彩、活动、节目……据说他以前写的书已经价格翻倍，而马大爷还进军影视界，已经准备拍摄《少年功夫王》……

可以说马大爷的幽默能力很强，很具有喜剧演员的天赋，而他这种天赋令他成为2020年网络上的流量顶流，风头压过了很多能跳舞会唱歌的直播美眉。

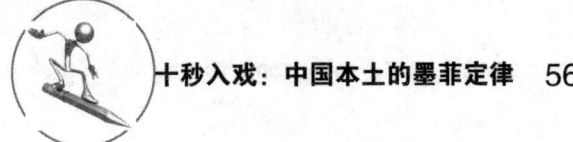

但我们在欣赏一位老大爷的幽默表演的同时，经由李小龙等人不懈地努力而兴起的国术热，则被一次次毁于跳梁小丑式的表演，传统武术的形象几乎被彻底毁掉了。

马大爷的流量割韭菜能力，让有些人因此想起了以前的芙蓉姐姐。

当代隐士流浪大师自己从来没有炒作，又是怎么火起来的呢？原因仅仅在于，有很多网红、大V需要他。

很多网红、大V借着流浪大师，收割了一大批流量，从而让自己的粉丝增加了几万、几十万、百千万。

这跟其他网红火起来的原理其实是一样的，网红的艺术行为给媒体、大V、公知们提供了通过批判来彰显修养的最好素材。

何况除了这些在网络上混饭吃的人，还有无数需要网红的观众……

马大爷成为大V们不可缺少的梗，而大V们给马大爷带来的流量，也成全了马大爷的名和利。

审丑效应告诉我们一个道理，与其你努力成为一个网红，不如你成为所有网红必不可缺的梗，这就好像如果你要吹捧一个学者，不要说他是大师，要说他是大师的大师，所以，成为网红的网红，这才是网红的最高境界。

以上是对于网红而言，对于观众而言，芙蓉效应的内涵在于，我们以为我们是看耍猴的，殊不知我们恰是被耍的那只猴。

跳舞不好看、唱歌不好听的芙蓉和三秒被KO的马大爷，才是真正聪明的那个，人家把戏演进了真实之中，而我们在十秒钟内，就进入了她们的戏，成为了她们收割流量的韭菜。

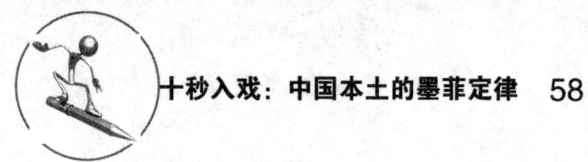

智能组合效应+数理贯通效应

五音五色之变，真的没有穷尽吗？

在智能时代之前，它可能是被认为没有穷尽的，但智能时代开启后，它真的可以被穷尽，因为它是可以被计算的。

而现代智能的计算能力，其实是可以计算出其穷尽的，只不过我们不愿承认而已。

只不过，对于人类的认知、感受来说，即便现代智能计算出的亿万分之一，也足够个人终生领会了。

现代智能的一个小小芯片，就足以装下人类的全部知识，而在调动的时候能保证丝毫不会出错。

而一个大脑所能记忆的知识量相比于智能，就好像大海里的一滴水一样。

事实上人类的很多知识、艺术、技能都可以被智能穷尽。

比如说舞蹈，人的身体是固定的，上肢四段、下肢四段，头颈胸腹腰+上肢四段+下肢四段+头发鞋子，人类这些肢节能做出的基本动作是有限量的。

而凡是有限量的事物，都可以被智能的计算穷尽，因为它们所有的排列组合可以是一个定数。

只要有一个合适的程序，不但阿法狗可以终结人类围棋，人类的文明看起来随时可以被终结。

有一些数学家和科学家说一两百年后可能没有人类文明，因为所有的人类做不到的事情智能的计算能力都能算到。

喻学中有象、性、数、理的贯通，数学的贯通在智能时代彰显了它无与伦比的力量。

甚至在这里可以下一个论断，人类的舞蹈是可以被智能机器终结的。

因为人工智能有无数人类无法比拟的优点，比如它们可以做人类所无法做到的动作而不知疼痛、疲劳；又比如它们在外形上可以被塑造至完美而人类天生就有各种不足；比如人体所能做出的动作是受到肢体先天结构的限制的，而人工智能是可以设计为万向转动的……

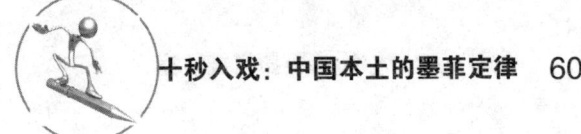

也就是说，人工智能可以拥有比人类多得多的排列组合的基础元素。比如说知名舞蹈《千手观音》，需要很多手艰难地配合，而智能可能只需要一台就够了，而且它会做得更协调，更有序。

而人工智能的本质是超高速、超大量的运算能力，也许人类思考几百年才积累出的舞蹈艺术，一台人工智能一分钟就全搞定了。

就演艺来说，以后的人工智能显然可以做普通演员根本做不出的任何表情，而当程序足够好，它亦能表达出最优秀的演员都无法表达的情感……

我们现在看到人与机器的弹琴比赛中，机器似乎有点呆板，那只是欠缺合适的情绪罢了，如果程序合适，机器智能所表达出的情感，一样能胜过人类。

所以一个事实就是，人工智能的数理贯通能力+排列组合效应可以超越、终结人类所有的艺术，亦能超越、终结人类所有的文明。

当然，这是在理论逻辑上做出的推论，至于什么时候实现，要看技术的进步速度了。

水流效应+分镜效应

　　我们知道电影、戏剧都是假的，《黑客帝国》的整体构思，其实是以计算机技术为形式，表达了对一个虚拟世界的构思，它本质上也是讲人类社会可能是一种虚拟的。

　　佛学里经常在讲人类眼中的人类社会和人类世界事实上不存在时，运用了两个比喻。一个是水流喻，即大海是由一滴滴水组成的，而一滴滴水在不断地流动，所以你第二眼看到的河流，已经不是第一眼看到的河流了。

　　也就是说你第一眼看到的河流在看第二眼时已经不存在，同理，你第二眼看到的河流在看第三眼时也已经不存在……

　　所以从逻辑上来讲，真实的河流从来就不存在。

　　另一个比喻是微尘的比喻，假如人是存在的，那

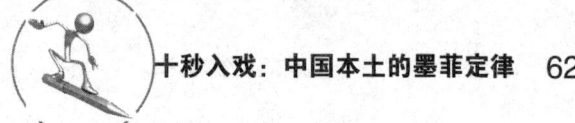

么切掉一只手后他依然存在，再切掉一只脚后他依然存在，这就意味着人不是存在于一个部位的，同样的道理，把人分解成一个细胞然后再分解直到无穷小，也找不到人究竟是存在于哪一粒微尘中。

所以佛学中把人类现象定义为组合幻象，也就是我们是由一粒粒小到不能再小的微尘（粒子）所组合而成的，是一种组合出来的幻象。

而事实上，电影的分镜本身就像是水流效应，因为我们所看到的一个完整的、时间序顺明确的电影故事，其实是由无数分镜头剪辑而成的。

可能一部电影为了照顾演员档期或背景设置的使用，最后一幕反而是最先拍的。

小说也一样，可能才写开头的时候就已经写好了中间的高潮或者结局。

分镜效应意味着，我们所以为的逻辑顺序都不是真实的逻辑顺序，都只是显现出来的逻辑顺序。

也即真实的电影拍摄的逻辑顺序和我们看到的逻辑顺序是两种。

但这种分镜剪辑经过排列组合效应之后，我们就看到了一个时间顺序清楚、逻辑清楚的故事。

　　水流效应告诉我们，只有相续，才被认为真实，一旦不相续，亦即不存在。而分镜效应也是同样的道理，由于不同时期拍摄的零碎的、单独的镜头被重新排列组合，于是在屏幕上它们变得相续，就被我们入戏之后感觉真实。

　　我们的认知也是如此，如果没有因果关系，没有逻辑关系，如果我们的一切认知手段和工具不能相续，我们就无法认知。

　　而人间万象的永恒相续，和喻学的不断贯通，又是何其之相似。

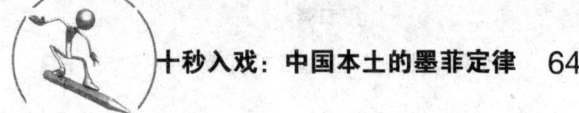

代入效应+同化效应+诱偏效应+初见效应+先入效应

很多男人是讨厌看爱情肥皂剧的，尤其是几个女主角天天没事找事的那种。

可如果把一个中年人流放到一个荒岛，岛上只有他一个人，而且他只能看爱情肥皂剧，那么他很快也会代入的。

我们前面讲代入效应，持久的代入效应会转变为同化效应，亦即一个演员如果长时间只演一个类型的人物，他可能会变成这个人物，一个人如果长时间地只看一个形象，他可能会变成这个形象。

同化效应同时会具有诱偏效应，本来是一个阳刚的男子，最后被诱偏变成了一个阴柔的男子。

而十秒入戏决定了，只要你入戏，多多少少都会被同化、诱偏的。

代入效应+同化效应产生了一个制服效应，比制服效应更进一步的是匿名制服效应。

匿名制服效应是1973年由美国心理学家菲利浦·津巴尔多(P.C.Zimberdo)做过的一个著名的"模拟监狱"实验。实验者将二十四名心理正常的大学生随机分成"犯人组"与"看守组"。被"逮捕"后的"犯人"戴上手铐、蒙住两眼，被带到了斯坦福大学地下室的一个"监狱"里。而"看守"则配备警服、哨子和警棍，并被告之值班时需要维持秩序，还要做好应付紧急事变的准备；而"犯人"则被戴上脚镣手铐、喷防虱液、按手印、使用身份证号码和叫号应答，并被分别关入只有一张吊床、一个门洞的单人牢房。

实验结果发现，这些原本平等的人，因为管教与被管教的不同角色，最后都产生了一定的不健康心理和摆脱社会规范约束的极端行为。如扮演"犯人"的被试者都逐渐变得软弱、无助乃至产生抑郁，而扮演"看守"的被试者则越来越有虐待"犯人"的倾向。

津巴多尔的实验表明，当一个群体的所有成员都穿着同样的制服时，个人因为不容易被识别而被湮没于匿名之中。

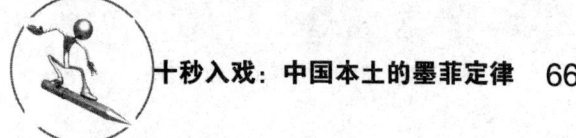

　　制服效应本质上是代入效应的一种变体，即人一旦穿上制服，就代入制服所代表的情境。比如津巴尔多在实验中发现，在实验室中穿着白色外套并戴着头套的女性，比起那些穿着普通衣服、佩戴着写有姓名的身份牌的被试者，会对受害者施以更长时间的电击；而早在此发现前，美国社会心理学家费斯汀格也在相关心理实验中证明，在阴暗环境下穿上布袋装较难辨认的学生比坐在宽敞明亮的教室里具有高辨认性的学生会更加猛烈地抨击自己的父母。

　　由于制服隐匿了个体，又能赋予人一种潜意识的权力操控欲望，而身份的隐匿性又给这种权力操控提供了比较安全的实施环境，所以人在制服效应中就会更加放纵自己。

　　制服效应在虚拟网络中的应用最明显。网络空间的虚拟性、匿名措施给每个发言的个体都穿上了一件"网络制服"，于是我们看到杠精、喷子、键盘侠的存在，我们看到各种网络攻击、网络语言暴力、网络造谣、网络欺诈……

　　匿名制服效应导致网络上的诸多乱象，更导致网络这个虚拟世界的不可靠性，因为匿名制服效应之下，这些恶行是不用负责任的。

在虚拟网络中，人人都穿上了制服，因而可以对任何人施以网络语言暴力乃至经济欺诈，但由于匿名，所以不用为此付出任何代价。

人们被制服同化，其实跟入戏是一样的，只不过入的不是主角，而是情境。

为什么我们的思想、认知一旦入了戏中的某种情境，就会失去理智的判断，最终失去自我呢？

匿名制服效应为我们展现了人类在入戏后的坏的一面，而制服效应则为我们展现了好的一面。

制服效应其实与我在《古诗小论2》中讲的诗歌的象征性有着不可分割的关系，比如穿囚犯制服的试验者在心理上成为囚犯，因为囚服就是囚犯身份的象征，而警服自然是警察权力的象征。所以每一个国家都要制作军服、警服等制服。

制服的象征性在企业中表现尤为突出，如肯德基、麦当劳等服务性企业，选择红黄色条纹上衣、红色下衣和围裙，圣诞节戴红色帽子，是为了让员工表现出兴奋、热情，从而有更好的整体服务形象。而空中小姐往往是蓝、白色制服，象征着她们与蓝天、白

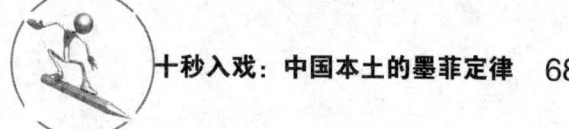

云融为一体，可以令乘客看到她们就想起自己此刻正在天空翱翔。以冰箱、空调为主要产品的海尔集团，则选择蓝色调，给人一种凉爽、干净、清新的感觉。

制服效应也有一种共同的代入感，也就是由于制服统一，人们在企业行为中会更加深刻地感受到自己正在企业里工作，从而在言行中不自觉地进入企业的规范中来，人的情绪、认知、行为都被制服同化了。

制服效应是代入情境中效果最明显的，因而它的同化效应也最明显。

虽然制服效应是由外国人提出来的，但中国古代早就有了，比如朝服、官服、囚服，它们本身就是身份的象征。

第一眼效应很重要，但它也比较简单，比如一个姑娘见到了一个风度翩翩的绅士，立即喜欢上了他。这种桥段经常出现在小说和电影、电视剧里，结局往往是反转的，即这位绅士是个披着人皮的狼，最终这位因第一眼效应而爱上他的姑娘悲剧了。

第一眼效应其实在中国早就有了，只不过在中国它不是以社会效应的形式出现的，而是以诗歌的形式出现的，如纳兰词中有"人生若只如初见，何事秋风悲画扇"，讲的人是人际关系中刚开始接触时都感觉对方比较美好，但相处时间久了就开始互相嫌弃、厌倦了。

初见效应其实就是现代西方心理学里面讲的首因效应。

初次与人或事物接触时，我们在心理上对这人或这事物会带有一种珍重的感情定势，人们根据最初获得的信息形成一种印象，这种印象是交往中作用最强、持续时间最长的。

第一眼效应和首因效应会左右我们对后来所获得的新信息的解释，也就是"情人眼里出西施"，在第一眼印象中极好的人的坏行为，会被我们勉强解释为可以容忍、没问题、可爱的缺点等评价，但在第一眼印象中极坏的人的好行为，我们会解释为虚伪、假装、伪装、故做好人等评价。

第一眼效应和首因效应容易使我们错判事物。

据说曾经有一位心理学家为了印证第一印象的作用，做了个小实验，他准备了几十道题目，让两个学生各做一半，学生甲做前半部分，学生乙做后半部

分，题目都很容易，让两个人都能得满分，然后他把试卷给其他同学看，让他们评价这两个学生究竟谁聪明。结果多数人认为乙更聪明。

第一印象给我们以错觉，如果我们对一个人或事物在第一印象中形成了肯定心理，那就会在后面发现更多正面的印象；如果我们对一个人或事物在第一印象中形成了否定的心理，那就会在后面发现更多负面的印象。

这颇有点像路径依赖的感觉，即如果我们对人或事物的第一印象在好的轨道上，那它就会向着好的方向不断前行；如果我们对人或事物的第一印象在坏的轨道上，那它就会向着坏的方向不断前行。

据说有个英国形象设计师罗伯特·庞德说："这是一个两分钟的世界，你只有一分钟展示给人们你是谁，另一分钟让他们喜欢你。"这影响着人与人之间的交往，比如第一印象好，双方就会愿意继续交往，第一印象坏，双方就不会彼此交往。

所以第一印象成了很多年轻男女信奉不移的经典，因为他们觉得良好的第一印象是成功的一半。这导致很多年轻人在衣服、妆容上浪费了过多的时间。

但我在这里要说的是，不是所有人都凭眼视耳听所得到的感觉来判断事物的。而且，任何效应都需要遵守边界效应，第一印象并不是靠你梳妆打扮就能奏效的。比如年轻人穿着随意被视为邋遢，但一个亿万富翁这么穿反被认为是有个性。同样的道理，跳街舞的、搞软件的、搞艺术的，如果你西装革履，肯定不被认为是同道，但如果你服装非主流，在政府部门就会被视为异类……

第一印象如何，也是要分情境的。

首因效应是由美国心理学家洛钦斯首先提出的，1957年他做了一个实验，他用两个自己随意杜撰的故事作为实验材料，虚构描写了一个叫詹姆的学生的生活片断。在第一个故事中他把詹姆描写成一个热情并且外向的人，第二个故事则反过来把他写成一个冷淡而内向的人。他把这两个故事分别给ABCD四组水平相当的中学生阅读。

其中AB两组中学生读到的故事是一模一样的，区别只是顺序不同：A组先读的是描写詹姆热情外向性格的故事，然后再读描写表现他冷淡内向的故事；而B组读到的故事顺序则恰好相反，描写詹姆性格冷淡

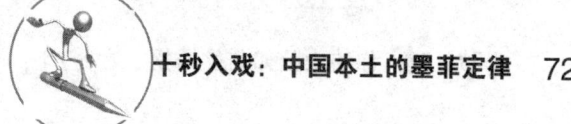

内向的故事放被在前面，而描写他性格外向的故事则被放在后面。

剩下的C组则只读到能表达詹姆外向的故事；D组则只读到能表达詹姆内向的故事。

之后洛钦斯让这些学生对詹姆的性格进行评价。结果A组中有78%的人认为詹姆是个性格比较热情而外向的人，B组则有82%的人认为詹姆是个性格冷淡而内向的人，而C组有95%的人认为詹姆性格是外向的，D组有97%的人认为詹姆性格是内向的。

洛钦斯的研究证明了第一印象对人们认知的影响，并将其称为"首因效应"，指交往双方形成的第一印象对今后交往关系会产生重要的影响。虽然这些第一印象并非总是正确的，但却是最鲜明、最牢固的，并且在一定程度上决定了以后双方交往的进程。

首因效应亦印证了人类在认知上的弊病和不足，既大多数的人是凭单纯的感觉来决定交往和行事的。如果第一眼的判断是错的，把坏的人或事物当成好的人或事物，那么在接下来的交往中就必然吃亏。

同样的道理，如果首因效应把错误的、坏的知识当成真知来接受，那就会一直接受错误的知识。

　　我发现西方心理学家的治学方法有点简单，比如他们得出一个效应的办法就是找几十个人做一次实验，通过这样简单的实验得出一个结论未免太轻率了。这样的实验甚至不如严谨的逻辑推理更可靠。

　　中国有一个词叫做先入为主，就是在对一件事情进行充分地理解之前，就已经有了一个成型的概念或看法。

　　一个人并没有对另一个人或事物进行充分的了解，为什么就产生先入为主的概念或看法呢？这只能来自周边人的信息传递或书本上的信息，在现代则还有网络推送等手段，而周边人的信息传递有着乡关效应（见后文），网络推送则有推送效应，周围信息则有同频启动效应，这些效应都有可能形成偏见，而先入为主就是讲人的主观意识或偏见对一个并未真正了解的事物产生了断定。

　　先入为主之后，我们是不可能了解实际情况并做出正确判断的。

　　先入效应比第一眼效应、首因效应、初见效应等更坏的就是，连见还没见呢就先入为主了。

情绪效应+荷尔蒙效应

情绪刺激和我们心理中的阴暗面、暴戾面的释放，是我们喜爱犯罪电影、战争电影、动作电影的根本原因。

当然我们也可以说这是一种工作或生活压力的释放，比如有些公司会把老板画像放在沙袋上，供员工击打以解气。

所有的大片都会刺激我们的情绪、强化我们的荷尔蒙分泌，越是激烈火爆的飞车追逐打斗场面就越是如此。

年轻人有更多的荷尔蒙，所以事实上在院线看大片的也主要是年轻人。

但同时，荷尔蒙分泌过度也让人失去理性，"年轻时造下的孽，老来要还"，荷尔蒙除了意味着精力旺盛之外，也意味着容易冲动、躁动。

　　我记得上大学的时候，临毕业前，同学们莫名其妙躁动起来，在宿舍敲盆摔碗唱歌，几座宿舍楼热闹了起来，有烧报纸课本的，有扔鞋子的，同学们玩得很嗨，但老师们紧张了，最后不少同学得了警告、记大过等处分。

　　年轻的我们由于涉事未深，很多事情在我们看来就是玩玩而已，但"后果很严重"，冲动的荷尔蒙往往令我们自食苦果。

　　在我们的认知里面，荷尔蒙效应也是十分明显的，因为情绪和激动很容易让我们在不加思考的情况下选择接受一个理念，接受一种认知。

　　荷尔蒙和情绪引发冲动，而冲动是魔鬼，一旦我们在荷尔蒙效应下接受一个概念，那这个概念就会逐渐萌芽，除非有足够的理智在事后掐灭它。

　　情绪效应在肥皂剧中表现得最突出，妇女们爱看家庭剧，里面一堆女人天天作，就爱搞各种矛盾，爱恨情仇的种种在里面充斥，它们特别能调动一些女人的情绪尤其是泪腺。

　　多数男孩子显然很反感这种剧，他们无法理解女人们为什么喜欢看这么无聊的剧，当然，当他们结婚

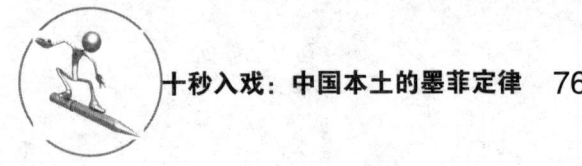

后他们也许就了解了，因为这种剧最能调动女人的情绪，而女人恰恰是最容易情绪化的。

情绪效应的升级版泪腺效应，对富有同情心和情绪的女性是必杀铜。

理性告诉我们，无论是情绪效应还是荷尔蒙效应，都会让我们沉迷于戏。

事实上，下面讲到的故事效应里，其实就有情绪效应和荷尔蒙效应在起作用。

第三篇

信息的迷雾和智力的缺席

XIN XI

DE MI WU HE ZHI LI DE QUE XI

幽默效应+故事效应+表象满足效应

上面讲的情绪效应和荷尔蒙效应，在故事里都有，情绪效应并不仅仅是女性的泪腺效应，其他像幽默搞笑、悬疑刺激等，都是故事的应用手段，我们读故事、听故事，和看电影是一个道理，都是要代入一个角色或场景中。

我们现在经常说的一件事就是中国人没讲好中国故事，因为在故事里，外国朋友更容易代入，无论是代入故事的角色，还是代入故事的场景、世界，显然都是最好的宣传手段。

对于空洞的说教、喊口号，人们接受起来是很难的，但故事的角色代入或场景代入，却很容易让人感同身受。

事实上，故事效应和荷尔蒙效应以及情绪效应是紧密结合的，这种原理可以应用到各种层面，比如职业培训，我也曾偶尔给一些跨国企业做过职业培训，但可惜的是，企业的人力资源都希望有狂热的效果，充满呐喊、掌声、激动……

事实上他们对员工的工作热情趋于低迷没有法子，所以就想激发他们的荷尔蒙，但他们不知道荷尔蒙是不长久的，荷尔蒙爆发后剩下的会是长时间的更加低迷。

其实在企业内部，人力资源请个讲师来进行职业培训，是受到抵制的，其他部门的人会认为这是浪费时间，所以大多数人力资源都希望拿出狂热的现场效果来。

不过事实上，据我所知很多培训师都只有初高中学历，他们只能讲故事，然后靠讲故事来激发荷尔蒙，当然还有一些培训师会有一帮子人帮衬他，领喊、领鼓掌……

你看到的热闹场面往往是假象，是造出来的，电影《分手大师》里面就有这样一个"励志大师"，其实现实中所谓的励志大师、鸡汤大师跟他差不多是一个路子。

因为我们都怕没效果，所以我们就拼命搞一个人人都看得见的效果，培训大师和励志大师还有鸡汤大

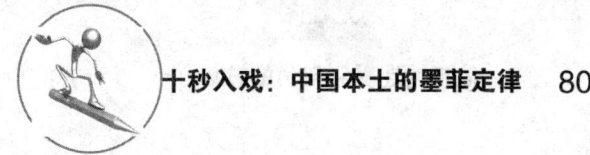

师们怕别人看不见效果，于是拼命地搞得很热烈……

而热烈的场面，最后就成了唯一的效果。

这就是表象满足。

我们现在看到的很多综艺节目，都有非常夸张的表情、非常夸张的语气，用很多的语气词……

这些都是表象满足。

成功者在给你们讲述他们的故事，如果你是一个听故事的而不是讲故事的，说明你还没有成功。

在学习和认知的过程中，故事是最低阶的阶段，比故事更强一点的就是寓言，比寓言更进一步的就是通过故事讲社会效应、心理效应等效应。如果你沉迷在故事里，就像你沉迷在戏里是一样的。

和电影、电视剧一样，由于初见效应+因点成面效应的存在，故事里面也能被植入很多个"意念病毒"，或者说编故事的人的意识里，本就有很多错误理念、错误情感，他这些错误的认知会编到他的故事里，初见效应+因点成面效应的作用，会使得读者在对主角的喜爱代入中不知不觉接受这些"意念病毒"，这跟十秒入戏是完全一样的。

但故事较之电影还有不同的手段，比如书里和故

事里可以有评价和感叹，当你被故事吸引之后，无论
这些评价充满什么样的引导性、偏向性，你都很难察
觉，因而不知不觉就被潜移默化。

　　前面讲过一些网红的网络火爆，她们为什么能火
爆网络？因为她们给我们带来了快乐，她们很搞笑，
而搞笑的本质其实和幽默并无区别。

　　我们在看人物简介的时候，经常会看到谈吐幽
默，如果一位学者很幽默，那他就会招很多人喜欢。

　　因为幽默和故事一样，都会令我们感受到娱乐的
效果。人类天生迷恋于娱乐，于是故事和幽默或者搞
笑，都会令我们更快入戏。

纸面效应

我在上小学的时候，从父亲的书柜里偷出过一本《盖世太保史》，我记得是一个纯黑色的封面，里面讲的细节我现在只记得一个，似乎是说盖世太保的一个创立者，戴着一副眼镜，长得十分文雅，他结合史书创立了很多酷刑，并且以判定施刑为乐。

盖世太保们为了讨好他，特意准备了一次施刑，请他去观摩自己的成果。

结果这位大人看到他创造的酷刑，直接吓晕了。

我们在纸面上是看不到残忍的，比如我们在书里看二战死了多少人、一战死了多少人，我们是感觉不到一个人在被残酷杀害时的痛苦的，我们所谓的警醒、反思，也跟那位大人对酷刑的认知一样，是停留在纸面上的。

录音带效应据说是美国人密格兰为了解开历史上

的三次屠杀之谜而进行的。这三次屠杀分别是：纳粹艾希曼逮捕犹太人并进行屠杀，美国陆军的威廉·卡里中尉在越战时期曾经率领军队在南越的索米村虐杀了一百多名手无寸铁的村民，第三个则是在广岛投下原子弹的飞行员，每年在纪念原子弹受难者的纪念日里，他们都会发表同样的言论："我们是奉命这么做的，并不是我们个人残忍冷酷。"

威廉·卡里中尉最后被判无罪，因为舆论调查有80%左右的人认为他只是奉命行事，个人不需负责。

但问题在于，这个命令又是谁发布的呢？

1965年，密格兰为了解开人类在屠杀中的心理，做了一个服从实验。

在这个实验里所有人对自己的行为都不需要负责，但它依然出现了异常情况，那就是如果施害执行者见到施令者，就会有抵抗情绪，如果施害执行者见不到施令者，他们不但没有太大的抵触情绪，甚至会做出更残酷的行为。

密格兰就是依据这个实验结果，总结出了"录音带效应"。

当我们执行上级的命令、指示而采取行动时，即

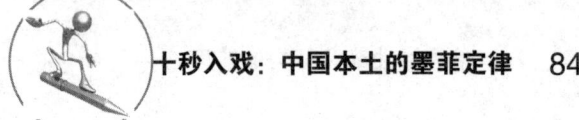

便这个行动是邪恶的，我们也会认为这不是自己的责任，自己只是奉命行事。不辨好坏善恶，将服从指示或命令当成理所当然的事情，加以正当化，这就是录音带效应。

录音带效应决定了，如果我做错了，那也不应算是我的错。就好像投下原子弹的人，他们感受不到受害者的痛苦，他们只是服从命令在飞机上按下了一个按钮。

录音带效应和我们后面将要讲到的远近视效应、信息墙效应、层次效应等非常类似。

这就好比古代皇帝判决死刑，对于皇帝来说，判决书上的人名只是一个人名，而对于下面的刽子手，则意味着鲜血，对于亲人，则意味着死别。纸上见到的东西和现实是不一样的，如果这位皇帝亲临刑场看到淋漓的鲜血，听到亲人的嚎哭，他也许会对死刑变得更慎重一些，让冤假错案变得更少一些。

录音带效应和判决书效应是一样的，都是由看不见痛苦的人实施痛苦。

录音带效应其实和匿名制服效应有异曲同工之妙，那就是既然不是由我负责，那我就不会管事情的后果。所以才有网络上、文化界各种不负责任的言论任意出现。而这些不负责任的恶劣言论最终对读者的认知带来各种各样的负面影响。

这些负面影响最终就产生了信息启动效应。

纸面效应：在纸面上，我们感受不到它所发出的指令造成的任何痛苦或幸福。在纸面上，我们感受不到它所记载的任何痛苦或幸福。在纸面上，我们不能发现隐藏的真相。

事实上，纸面效应古人早就有了，如陆游诗"纸上得来终觉浅，绝知此事要躬行"，他主要讲的是理论知识和实践认知的关系。

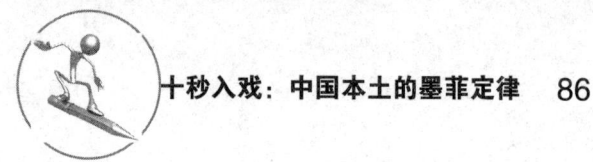

同频效应：周围信息的约束作用

在上高中的时候，有一个奇怪的现象，就是一个同学咳嗽，很多同学就跟着都咳嗽，然后大家都禁不住笑起来，咳嗽有时候是个频率问题，就好像部队过桥，不能步调一致，必需自由行走一样。

我们身边会有许多启动我们的同频行为，如看到别人打哈欠，有时自己也会打哈欠，看到别人举杯，我们也会下意识举杯。

有时候我们的潜意识会被周围的同频信息启动，使我们做出与这种信息相同的行为，这就是同频潜意识启动效应。

当同频效应用喻的贯通方法贯通到社会认知和行为中时，它就是指一个人之前接收到的信息会对之后出现的行为造成影响。

同频效应有一个坏处，就是它除了像咳嗽那样属于身体机能的自然反应之外，它还有一个潜意识一致的隐藏效应，也即我们在潜意识中，有从众效应、羊群效应、群体效应等在共同起作用，这些效应使我们的潜意识始终会做出要保持一致的反应，而潜意识的反应在很多时候是错的，尤其是像同频效应这样的保持一致。

同频启动是一种无显意识参与的自然启动，是人体机能和心理活动的自然反应。

同频启动有一个有趣的实验。心理学家约翰·巴奇和同事们以纽约大学的一群学生为被试者，他们让大学生受试者从包含五个单词的词组中，挑出四个组合成一个句子，其中一组人得到的单词全部与老年人相关，如健忘、秃顶、灰白、满脸皱纹等。

在大学生们完成句子组合后，实验者发现用与老年人有关的词汇组句的大学生们，比起用与年轻人有关的单词组句的大学生们，走路的速度要缓慢很多。此外，这些大学生从椅子上起身的动作以及喝水的动作都比平时要慢一些，但他们并没有注意到自己行为的改变。

有的时候，同频启动效应近似于心理暗示，比如

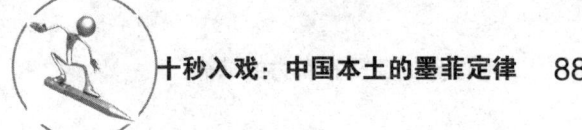

在英国的一所大学，实验人员为了证明接受信息的不同给人带来的不同影响，在一间办公室开设了一间茶水和咖啡室，他们把不同茶水和咖啡的价钱贴到墙上，而受试者将钱放入一个盒子中。

当实验人员在价格表的上方贴上一张双眼图像时，人们一周之内平均投放的钱为七十便士，但当第二周价格表上方的图片换为鲜花时，盒子中的钱平均少了十五便士。

眼睛有盯着自己的心理暗示作用，所以人在潜意识中的同频就会调整为自律，鲜花有欢乐、欢迎、友好、奉献的心理暗示作用，所以人在潜意识的同频就会调整为放松、接受友好的赠予。

心理暗示其实与修辞学中的象征同源，它们是彼此贯通的，比如寺庙里前殿是弥勒菩萨，他的背后就是怒目金刚的韦陀。前者表示欢迎，后者表示警告。

我们的周围信息有很多，比如当群体中有重大事件发生时，上级领导或老板的脸色，周边同事的眼神、行为、话语，甚至于话语中的音调，都会使气氛有微妙的变化，从而同频启动我们不同的心理反应和行为反应。我们或者会因之安心，或者会因之极为紧张，这些都会促使我们更小心一些或较自如一些。

对年轻人来说，他们可能以为同频效应的运用，可以接触更多积极信息，与勤奋、坚持、奋斗、成功、增长经验等有关的信息，而远离那些与失败、无聊、颓废、消极、怠工等相关的负面信息，或者将电脑桌面设置为更积极活泼轻松的风格，或者将居室设置为敞亮一些的风格……

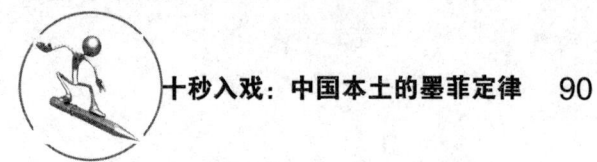

推荐效应+推送效应：被动接受的认知牢笼

我们现在一提推送首先会想到网页推送，它是指将经过整理的信息资源以网页的形式迅速转发至用户的界面，从而实现用户的多层次需求，使得用户能够自己设定所需要的信息频道，并直接在用户端接收定制信息的实现方式。

网站PC端早在几十年前就实现了网页推送，而近几年手机上的推送也越来越多，形式也更丰富。

事实上，我们无时无刻不生活在推送效应之中，比如我们以前常看的报纸、期刊、图书，都是纸媒推送，是最早期的推送。

学生们学习的课本，则是一种教育推送。

古代颁布政令，比如春耕秋收时的各种政令，都是由官员跑到乡下口头传达，这是一种语音推送或者说政令推送。

由于手机推送在近年发展很猛烈，使得我们处在各种各样的推送之中，这些推送有很多是坏的，有很多是好坏夹杂的。

在2020年的双十一过后，网络上最火的一些明星或直播网红，被国家中消协点名了，主要是因为他们的直播卖货出了问题，比如说直播卖货后，消费者发现买的货质量有问题，想换，但直播团队却说买完了就不让换。

于是网民们发文怒怼，最终惊动中消协，中消协发布"'双十一'消费维权舆情分析报告"，通过对10月20日到11月15日期间相关消费维权情况进行网络大数据舆情分析，发现今年"双十一"的消费负面信息主要集中在直播带货和不合理规则两方面。

而另一个被点名的当红脱口秀演员，网络数据有311万观众，但其实不到11万，其他在线人数全都是机器人，95%以上都是假的，这95%的人数都是花钱刷量，而评论区的粉丝与演员亲密互动，也基本上是机器刷出来的。

腾讯《深网》公众号全程"直播"了该直播活动

的工作记录，以及刷量过程与直播间数据变化。几乎从各种细节，全盘爆出；直接将明星带货、刷量、刷单、虚假观众都揭示了出来。

紧接着，一张2020年"双十一"期间直播业务报价"刷单价格表"曝光，主播们只要花十块钱就可以买到一万机刷人气。

而真人每小时大概十五元报酬，一个人可以发一百句评论。也就是说只需花几千元钱，主播、明星们的直播间就会火爆无比。

"一个耍猴的，带着几个鼓掌的，套路一群吃瓜的。"这就是网络推送的真实写照。

网络推送效应还附加有故事效应，比如消费粉丝消费的不是一个产品，还有产品附带的故事、情怀甚至于人格，因为你买的裙子不是裙子，而是明星主播推荐的裙子。

故事效应激发起的情绪、认同，无论是情怀认同还是情绪认同，抑或是感情认同还是人格认同，在网络推送中的网红直播推送里，都发挥得淋漓尽致。

网络推送下，粉丝们只是一茬一茬的韭菜（可参看后面《剪羊毛+割韭菜》一节）。

对于我们的认知来说，推送效应是很可怕的，因为它给你带来的不是信息墙的问题，而是信息井的问题。如果在信息墙里，你至少还是在地面上的，而且你的信息空间也比较广，但信息井是把你困在井下的，你的信息空间被束窄。

信息墙只是让你接触不到某些领域的知识，但你依然能接触足够多领域的信息或知识，而信息井则让你只能接受井口灌注下来的知识，同样，信息隧道只能让你看向前和后两个方向的黑暗空间。

推送效应除了能产生信息井效应外，它还能产生井底视野效应。井底视野效应显然比隧道视野效应更加可怕。

十秒误终生+选择效应

选择可能比奋斗更决定人的命运，所以在《黑客帝国》里有一个关于选择的哲学命题，当选择效应和学生心理效应结合起来，就会产生很多其他的效应，如后面将会讲到的杜甫效应。

人类看电视、电影、演出，目的是为了得到快感，但一个清醒而理性的头脑是不会产生虚假快感的。当你想去看一个电影时，你就已经入戏了，同理，你想读一本小说时，你已经进入虚假了。

我们继续以此类推，当你想看一个学者的著作时，往往你已经接受他的学说了。除了十秒入戏的效应外，前面讲过的学生姿态效应，也让我们在不知不觉中就接受别人的说法。

年轻人尤其是学生，是带着对知识的崇敬买书的，也是带着对知识的崇敬上网求知的，但事实却是，这种学生姿态效应导致了，对错误的知识没有选择性地就一起接纳了。

看电视如此，读书也如此。但看电视是一种休闲，而读书除了追求快感外更重要的则是为了求知。

除了刻意去做影评的人之外，几乎没有人能从电影电视剧等的幻象中醒悟过来，认识到其虚假本质。同样的道理，在学习、阅读中，我们不知不觉接受错误的东西，除了刻意做文学批评、学术批评之外，我们绝大多数人也不会对自己所接受的错误知识做任何的反思。

以我个人的经验而言，我高中时读《易经》等古籍，对各注家的注解从来没觉得错，包括朱熹的《四书集注》，从来没觉得有多少错。二十年后，开始注《论语》，忽然就发现，这些注家的注解大多有错。《论语原解》的封面明确讲"对《论语》半数以上章节重新注释"，对语言文字不太敏感的读者可能意识不到这句话的内涵，这句话其实意味着历代注家对《论语》的注释有大半是不对的。

为什么《论语原解》能看出历代注家的诸多错误？因为它"用喻的方法来注解《论语》，开启中国

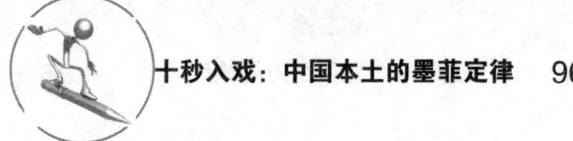

古籍注释新天地，从象文字升华到喻文字"。它不是用传统的象文字和现代语言学的工具去解读的，而是用喻文字的原理去解读的，因此能看出诸家注解大半不对也就很正常了。

事实上，如果读者将《论语原解》和《古诗小论2》联合起来读，就会对彼此的印象更深刻，因为它们都是对我们的传统固定认知的一种巅覆。

比如被我全力批评的杜甫。

杜甫的错误被国人接受了近千年，从苏东坡开始推崇杜甫"每饭不忘君"开始，读到东坡之语的就会留下杜甫是一个爱国诗人的虚假印象，如此越传越多，最后大多数人都认为杜甫是个神圣的、不可亵渎的大诗人。

但历史事实却是恰恰相反的（见《古诗小论2》）。

十秒入错效应，可以导致："一人犯错，众皆从之。众皆从之，假即代真，错即代正。"

很可怕吧？中国文化能够错误地将杜甫奉为圣人、榜样近千年，难道十秒入错这件事不值得我们深刻反省吗？

　　这个世界上，凡是比较美的东西，都会让你入戏入错。比如电视剧里的爱情，心灵导师灌给你的心灵鸡汤……

　　这个世界上，凡是比较好的、优异的东西，都会让你入戏入错。

　　另外，这个世界上，凡是比较玄的东西，都会更轻松地让你入戏入错。以前练气功的人好多在读我的《你的呼吸还好吗》，认为还是我说的讲科学。比如王阳明的心学，大多数人学王阳明只有一个结果，就是把自己彻底给整晕了。其他的还有打禅机、学空相，学着学着人就傻了。这些东西重逾万斤，举重选手都举不动，就是项羽复生也举不动，你又如何能行？勉强去举，只能把你给压扁了。

　　只有智商特别高的人，才有可能在这些千年谜题的迷宫中全身而出。

　　人类在潜意识中做出的选择永远比在理智清醒的明确意识下做出的选择要多，同理，人类在入戏的过程中接受的潜意识种子，永远要比清醒明确的判断下接受的理念要多。

　　你读书越多，接受外界的信息（包括影像视频、

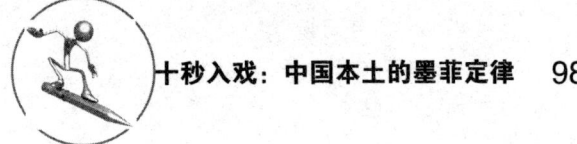

网文）越多，你潜意识接受的意念也就越多，因为我们的明确意识是处理不了过多的信息的。

这就是很多人对人生和世界感到困惑、迷茫的主要原因。

前文说过只有不入戏的人才能找出戏的假。但入戏后的观众就不同了，我们很快就会忘记真相，一部四十集的剧，我们从头看到尾，越是爱看，就越不会觉出假。

游戏也是这样的，我第一次看别人玩星际争霸的时候，觉得这些人真好笑，因为画面上那些战士太难看也太荒唐了。

但当我被他们怂恿玩了几局后，就对之痴迷起来了，再也察觉不到那些形象的难看和荒唐了。因为组织战局的策略感、战争的激烈感，甚至单单是那大炮发出的剧烈而低沉的轰鸣声，就能令一个玩家沉迷进去。但多年之后，我偶尔看见几次它的画面，就又觉得它是难看和荒唐了。

又比如犯罪片，因为血腥过度会引起人的不适，但它们为什么存在？因为看多了之后就能看出所谓的"暴力美学"，这就是十秒入戏的可怕之处，无论多么丑陋、邪恶、残暴的思想或意识，一旦入戏就会潜入人的意识之中，并变得自然而然。所有曾让你恶心呕吐、身心不适、深感厌烦的事物，只要入戏久了，就会变成你的所爱。

这就好像电影里面跟人握个手都要洗一洗的富家阔少，因家庭剧变沦为乞丐后，脏东西也肯吃了。我们一旦入局入戏，就必迷于局迷于戏，很难再出来。

人类的十秒入戏效应，影响实在是太大了。

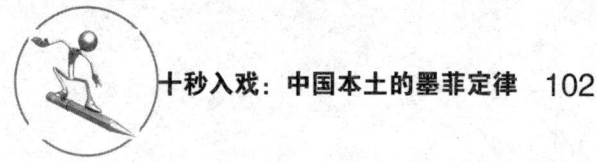

远近视效应+信息墙效应+乡关效应+层次效应

　　我上高中的时候曾近视眼一段时间，所以我知道近视的感觉和正常的感觉是不一样的，但对于深度近视的人来说，他永远无法再体验正常视力下的那种清晰明朗的感觉。正如一个正常视力的人无法体验深度近视的感觉一样。而近视眼与远视眼的不同感觉更是不能换着体会。这种肉眼的感觉不是戴个镜子就能体验的。

　　这就好像我接连四五年没怎么出过门，已经模糊了早晚高峰挤地铁的感觉了，甚至楼外马路上公交报站的声音听起来也那么陌生，而曾经这是我十分熟悉的声音。

　　同样的道理，二十年前的一个小主管，经常操心部门小年轻的各种烦恼，而现在他是公司总裁，周围接触的都是官员、富豪、企业高管，他对小年轻们下周要交房租、下下周要交份子钱等各种烦恼已经没有任何感觉了。

身份的转变、平台的改变、位置的变化，能令我们对曾经刻骨的感觉都疏漠无觉，何况未曾亲身体验的情景？

非常简单的是，如果你不曾有过某种病，你就不会知道某种病的痛苦，同样的道理，如果你没有经营过一个公司，那么你从书上、电影里、网络上得到的所有关于经营管理的知识都是纸上谈兵。

最典型的莫过于晋惠帝，有一年发生饥荒，百姓没有粮食，只能吃草根树皮，很多百姓饿死，坐在皇帝宝座上的晋惠帝，听完大臣的报告后，出了个主意："百姓无粟米充饥，何不食肉糜？"

晋惠帝不曾饿过，他不理解吃草根树皮是个什么概念。这就好像扶贫干部天天下乡，在他眼里，几百块钱是个大事，因为这几百块钱怎么分配够他想半天的。但国土部的干部每天批上千亿的项目，几百亿也只是大笔一挥而已。

前些时候有一个新闻，说是有个司机接了一次高

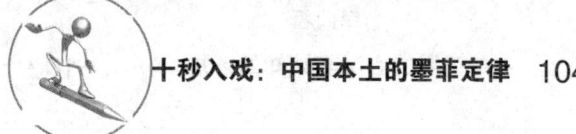

官，于是就沉迷起权力来了，冒充高官进行了多次成功的诈骗。

"隔行如隔山"，除了行业之间有着信息墙的隔阂之外，这个世界处处有着信息墙的隔阂，甚至哪怕同行业中只差了一个层级，接触到的信息也有着天大的差别。

信息墙的存在，让我们像晋惠帝完全不懂百姓饥荒一样完全不懂他人。比如一个在小城工作的人，他不可能体会北京上下班高峰时的拥堵。这种信息墙导致我们所有人被分割封闭在不同的信息空间中，彼此无法理解，部分学生们总是有着初心和理想，但如果你天天招商引资，或者成为大老板的贴身文秘，坐的是豪车，进的是会所，席间不是千亿的大老板就是一个小目标，当一个学生从理想、信念、操守的信息墙里进入到土豪、千金的信息墙里时，他如何保持自己的初心？

因为不同的信息墙造就不同的人。

这就好像那个故事，从前，有个老和尚想培养出一个一尘不染的虔诚的小和尚，于是便抱养了一个婴儿，不让他与外界接触，以保持他的纯洁，等小和尚长大了，佛经背得很好，老和尚很高兴。终于有一天，镇上有人要做佛事，老和尚想锻炼下小和尚，于是带他下山，结果在集市上小和尚第一次见到了一位姑娘，老和尚赶紧说"这是吃人的老虎"，结果在回山的路上，他们看见了一只真正的老虎，老和尚说："这是姑娘。"回到庙里，老和尚问小和尚下山有何心得，小和尚说："忘不了那只吃人的老虎。"

小和尚在山上，所处的信息环境不是信息墙，而是信息井，他所接触到的信息是与外界隔绝的，信息井导致他的认知更加闭塞。

信息墙和信息井，决定了一个人的信息空间，从而在一定程度上决定了他面临一件事时所能采取的策略、行为。

我们的层次限制了我们的信息，这就好比网上所说的"贫穷限制了我的想象力"。如果说同层次但不同行业不同经历的人之间存在信息墙，那么不同层次之间存在的就是信息井，每低一层，信息井就更深，古人讲的坐井观天的故事，其实就是一种信息井效应，你自己戴上耳机，就觉得自己得到了整个世界，

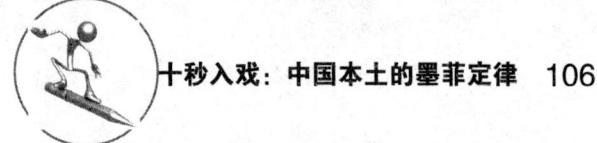

实际上，整个世界距离你还有很远很远。

很多人喜欢一句话"我在这个城市奋斗了几十年，才得到了同他喝一杯咖啡的资格"，这就是层次效应+信息井效应，不达到那个层次，你永远也不会理解。

除了层次之外，无数人还要面对一个乡关效应，有一首诗里写道："男儿立志出乡关，学不成名誓不还。"古代信息闭塞，乡关效应要比现在明显得多，在乡下，基本上是得不到上面的任何信息的，即便是在民国时代，清朝覆亡十几年后，还有僻壤之地没有放脚、剪辫子，由此可知在古代中国，乡关效应有多强了。

除了信息外，乡下的知识也很匮乏，很少有私塾存在，尤其是交通不便的乡下。乡关的存在决定了，乡下人对知识和信息的接受是有着很大局限性的。

那么现代社会不断进行城镇化，尤其是智能技术的不断发展，看起来信息的传播似乎差不多了，但其实并不是，乡关效应和层次已经结合起来了，这就好像一个大公司的员工并不会真正清楚公司的运营一样，员工、主管、经理、总经理之间其实就是另一种形式的乡关。

　　真正的乡关效应其实在人的心里面，人在乡下，接触的人都是农民，自然不会知道更多的信息，而如果我们平时接触的都是一些普通员工，那我们的信息其实也被困锁在乡关之中。

　　古人突破乡关的办法就是学习，通过考试走出乡关。书籍上的知识是重要的锁钥，我们现代人无论是在PC还是手机上，都看似有无穷无尽的信息，但这些信息大多是没用的信息，在网上的信息能让你突破乡关的其实非常少，因为网络除了充满各种垃圾信息、错误信息、诱偏信息之外，真正有真知灼见的不多，另外，更重要的是，网络信息大多数是呈碎片化的，没有一个体系，不足以让我们走出乡关。

　　我们的知识体系决定了我们如何努力，而我们如何努力决定了我们认识什么人，结交什么圈子，进入什么层次，这些都决定了我们能否走出乡关。如果思想、见识落后，那么即便接触的层次高，也一样被困锁在思想见识的乡关里。

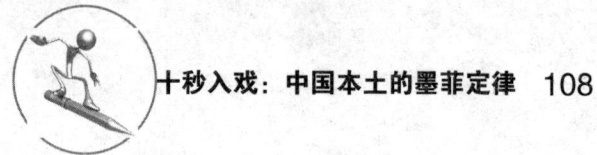

毒品效应+路径依赖

最早使"路径依赖"理论盛名远扬的是道格拉斯·诺思，由于用"路径依赖"理论成功地阐释了经济制度的演进，道格拉斯·诺思因此于1993年获得了诺贝尔经济学奖。

诺思认为，"路径依赖"类似于物理学中的"惯性"，事物一旦进入某一路径，就可能对这种路径产生依赖。这是因为，经济生活与物理世界一样，存在着报酬递增和自我强化的机制，这种机制使人们一旦选择走上某一路径，就会在以后的发展中得到不断的自我强化。

我们前面讲过一个结论是："路径依赖"导致了美国航天飞机火箭推进器的宽度，而这个宽度竟然是2000年前由·两匹马屁股的宽度决定的。

路径依赖指一旦人们做了某种选择，惯性的力量会使这一选择不断地强化，轻易地走不出去。

　　除了标准一旦制定就难以更改外，语言习惯也一样难以更改。历史上，只有重大的历史事件才能更改一个国家或民族的语言，而一旦改变了，再想改回来就很难，除非再发生一次重大的历史事件。

　　比如韩国废除汉字改为字母语言后，他们现在感到了很多不便，尤其是历史的不便，但要找到一个更好的解决办法却很难。

　　英语成为世界的通用语，一旦形成习惯，想要改变也非常困难，除非发生重大的历史事件。

　　日本没有完全废除汉字，他们的上流社会以对汉文字的掌握程度更高为荣，所以他们改变英语路径相对就更容易。

　　语言路径一旦形成，就是至少几代人的定势，想改变这种语言路径，就必须有强大的经济上的、政治上的影响。

　　市场上的很多《墨菲定律》把路径依赖跟从众效应混同起来，不过它们确实也有相通之处。

　　1974年，伊藤华堂在日本将自己的门店改为二十四小时全天候营业。从此以后，这种二十四小时

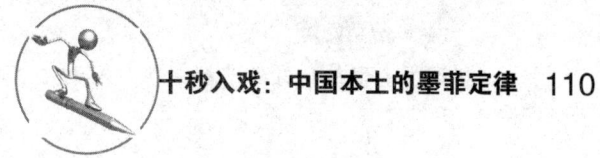

便利店开始风靡全球。

　　事实上深夜购物的人很少，而深夜营业会多出一些额外开支，比如加班费、照明费等，所以深夜营夜对便利店本身来说是亏本的。

　　但它很好地利用了路径依赖法则。那就是消费者偶尔会在深夜有需求，而如果便利店满足了他，那么他在白天时因为路径依赖，也会走进这家便利店，于是这家店在白天就多了一位客户。

　　路径依赖很像是毒品依赖。

　　有人曾形象地比喻，职业发展好像穿衣服时扣扣子，第一个扣子如果扣错了，整个衣服的扣子位置就会一直错下去。

　　所以人们从事第一种职业的时间越久，就越会对这种职业产生路径依赖，除了固定路径所带来的报酬递增之外，还因为时间越久，更换路径的成本就变得越大。职业上的路径依赖还表现为其他职业技能的弱化，以及对更换工作所具有的心理怯弱等。

　　路径依赖具有强大的惯性，但它并不是永恒的。路径依赖在面临强大的外力时会崩溃，比如韩国、东南亚诸国本来是汉文字文化圈，但在近代几乎全变成字母语言文化圈了。而苏联标准也随着苏联的解体崩溃了。人类在经济上的路径依赖也会随着时势变迁而改变，比如曾是经济最佳选择的世贸组织，就正在被各种各样的自贸区所取代。同样的道理，科学技术的进步会淘汰一些行业，从业者对这些行业的路径依赖就会终结。

由于人工智能的出现，人类的很多行业的从业人员对职业路径的依赖都会被终结，所以对于现代人来说，职业路径的选择其实变得十分重要。

比如，如果5G和自动驾驶技术彻底成熟，那么很多专职司机将会失业，甚至人们可以不需要再去驾校学习，从而人类不需要再考驾照。

所以事实上从选择大学开始，就要对自己的职业生涯有一个正确的规划了，而第一份工作一定要是一个综合考量，既要兼顾自己的兴趣、个性、能力、特长、专业，更要看某份职业的未来，自己的职业生涯之初，既要具挑战性，又要符合客观实际，否则的话，自己的职业路径就会被终结。

路径依赖的应用范围很广，它最早被应用于经济制度的演进，一个国家在经济发展的历程中，其制度变迁存在着路径依赖现象，道格拉斯·诺斯因此创立了制度变迁的轨迹概念，他从路径依赖的角度解释为什么世界上有很多国家但发展道路却各自不同，而有些国家总是走不出经济落后、制度低效的怪圈。这个发现让诺斯获得了1993年的诺贝尔经济学奖。

路径依赖效应制约着人们的选择效应，因为在某种意义上，人们的选择早就已经被决定了，因为他过去的选择决定了现在可能的选择，而现在的选择又决定了他将来可能的选择。

路径依赖其实没有传说中或我们想象中那么强大，这个理论也并不神奇，比如我们国家常说的，在旧有的客观基础上进行革新、创新，而旧有的客观基础自然就包括旧有的路径。人们常说创新要打破路径依赖，但这种创新要辩证地看，比如前苏联打破路径依赖实行休克疗法，结果导致了秩序的崩盘、经济的崩盘、领土的崩盘……

在心理认知的层面，路径依赖表现为思维定势。如果我们的知识、经验不被更新，我们的思维就会陷入定势，同样的，如果我们的思维方法不改变，我们一样会陷入思维定势。思维定势会给我们带来很多影响，比如清朝时有很多次与现代科技拥抱的机会，但都被清朝皇帝的思维定势给浪费掉了。

由于现代社会正在经历所谓的第四次工业革命，尤其是人工智能的发展很迅速，在这个时代，会有更多的人因为思维定式而失去机会。

思维定式让我们失去多角度思考能力，从而产生从众效应，与更多人一样成为韭菜、羊毛，而不是领跑者。

思维定式就好像一口深井，掉进深井里的人是逃不出来的，思维定式会让我们的思想越来越封闭，就像清朝皇帝那样。同样，思维定式也像绳索一样束缚着我们的想象力、认知力，妨碍我们接受新知识，遮蔽我们的新思路，使我们思想僵化、头脑愚钝、思维狭隘。

路径依赖和惯性作用很相似，也就是中国古人所说的积习难改，惯性作用的坏结果就是最终惯性会变

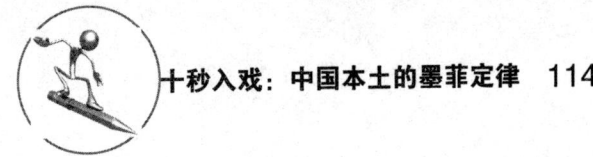

成惰性，路径依赖最终会变成抱残守缺、僵化保守。

一旦一个群体形成路径依赖，就很难改变它，无论是国家还是企业，大多数组织都只有最终崩溃的结局，因为改变路径并不是件容易的事情。

极少有人愿意去研究目前大家都依赖的路径是否已经是一条没有前途的路径，即便当明显更好的新路径出现时，也并不是所有人都愿意抛弃旧有的路径去踏上一条新的路径。

无论是制度，还是方法，抑或是政策，路径依赖都会使组织最终陷入内卷化。

在认知上，人们也依赖于路径，比如我们现在读到的大多数文章，其思路都是几十年前就有的老生常谈，只不过换了人物，换了情境，换了故事而已。

至少有很长时间我在民间智库和网文界，看不到有价值的新的时事分析了，而民间是其他学界的一种反映，如果其他学界的思想有创新，必然会反映到民间学者的文章里，但无论是机构里的学者，还是民间的学者，我在最近几年都看不到有新的思想、新的论点出现，人们依靠旧有的路径，新瓶装旧酒，在贩卖着陈旧的观点和知识。

　　当然，这些观点和知识对初入行者还是有点作用的，这就是学者们用旧的镰刀，割新的韭菜。

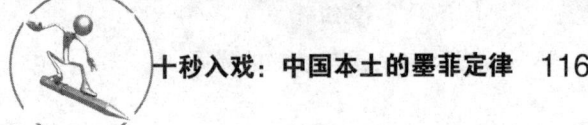

证明效应+逻辑欺骗+第零效应

当今学术界饱受诟病的一个问题是什么呢？就是为了学术而学术，为了证明而证明。

如果一个学者受邀赏析杜甫的诗，但杜甫的诗其实没那么多可讲的，他就会为了证明杜甫的诗美而将所有词汇诗句都进行发挥，从而发挥出很多的美来。

我看到很多写手，为了获得流量，拼命地制造观点、论点，这些观点和论点其实是没有理论和事实支撑的，但他们为了证明这些观点、论点，会将一些事实经过一些理论的改造变成论据，所以我们在网络上看那些所谓大V的文章，同一件事会有几十种说法，比如两个小国家发生了冲突，有人说这是大国博弈下的代理人战争，有人说这是为了油路，有人说这是金融战的前沿，有人说这是某个集团为了获得更好的地缘优势，有人说这是某大国的阴谋，有人说这是为了将某大国拖入战争的泥潭……

然后他们都举出一堆例证来，有人联系了大国某个人物的讲话，有人联系了某总统的一次出访，有人联系了油价，有人联系了某次会议，有人联系了某国海军的某次调动……

而他们每个人的逻辑看起来都是合理的，都是无懈可击的，可哪一个才是真相呢？

当学者和写手陷入证明效应之后，就连逻辑也变成了欺骗读者的工具。

我们的心理特点是，如果感觉没问题，就不觉得有问题。再进一步的，如果逻辑找不出问题，就会认为没有问题，但逻辑是要与事实相结合的，如果事实有问题，那么再完美的逻辑串也依然是错的。

这就是当证明效应和故事效应结合后，产生的逻辑欺骗效应。

证明效应最开始的时候仅仅是为了证明自己是对的。证明效应的初步实践就是西方讲的第零印象，也就是刻板印象，其实它和第一眼效应、初见效应有异曲同工之处，不过证明效应是"为了证明自己是对的"，或者说是因为自己有了一个论断，想要证实这

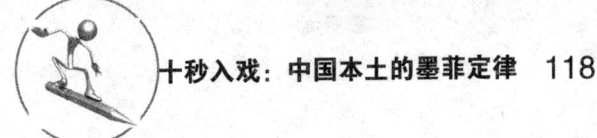

个论断，但人类在证实这个论断的时候，往往是倾向于去找肯定的、支持的信息，而潜意识中避免去找反对的、否定的信息。

比如有心理学家做过一个实验，他把同一个人的照片分给两组人看，对甲组说这个人是一个穷凶极恶的罪犯，对乙组人说这个人是一个学问渊博的大学教授。然后请两组人对这个人的面相进行评价。

结果是甲组人找出了他很多负面形象，比如他的眼睛深陷表明他十分凶狠、狡猾，而他的下巴外翘，说明其顽固不化、凶恶到底。而乙组人则将甲组人找出的负面形象全部说成了正面形象，他的眼睛深陷说明他思想很深邃，他的下巴外翘说明他具有探索真理的坚毅精神。

可以说证明效应是人类的先入效应之后的一个认知心理，即人一旦有先入为主的概念，接下来就会潜意识地验证自己的这个概念。

这就导致在先入为主的情况下，我们会把错的证明成对的、坏的证明成好的……

证明效应的坏处就在于，这个世界的很多现象都可以被用来证明坏的同时也可以证明好的。比如说，即便是疫情之下不戴口罩也被一些人用来证明自己勇敢、无畏……

越是复杂的事物，证明效应贯通出的逻辑欺骗就越明显，因为一篇论文证明一个论点，只需将几个事实用逻辑贯通起来就够了，但复杂的事物里面，还有几百几千个事实能证明这个论点是错的。

但一般的读者对一个复杂的体系性事物，是不可能了解更多事实的。

所以证明效应之下的逻辑欺骗效应，根本不是普通读者所能辨别的，他们在读到这种虚假的学术之后，就只能选择被动接受，何况还有前面很多效应会让他毫不怀疑地接受任何错误的主张。

证明效应还有一个有趣的例子，据说1933年的时候，美国社会心理学家做了一个实验，让一百名白人大学生看一组人物照片，再给他们一组形容词，让他们把形容词分配给照片，结果，大多数的负面词汇，比如"迷信""懒惰""好斗""愚蠢"等，都被分配给了这些照片中的黑人。

而到了2009年，美国总统有黑人血统，于是心理学家又做了一次类似的调查，但他们要求其中一组受

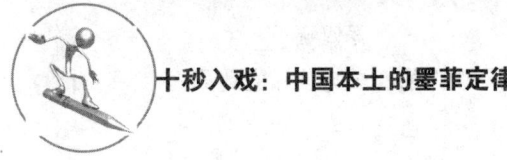

试者在分配词语之前先想想黑人总统，结果这组人在对黑人照片做评价的时候明显分配了更多正面词汇。

这种现象被学者们戏称为奥巴马效应，他们总结出来的概念是一旦从个体的角度去考虑，来源于整体印象的刻板印象将会被打破，这个效应告诉我们事物具有多样性、复杂性，每个个体都有独特的特点，不能统一论之，不能刻板涵盖。

第零效应的本质其实就是我们对某个个体产生某种看法，就把它视为对群体的看法，然后用这个群体看法去先入为主对待这个群体中的每一个个体。

古代《易经》中有"水流湿，火就燥，物以类聚，人以群分"的说法，讲的是群体的共性，而我们面对的则是群体共性与个体个性之间的辩证关系。搞好这个辩证关系才能正确认知事物。

《易经》中的类聚效应其实有其道理，因为在不同文明、文化、风俗习惯下生存的人，确实有着浓厚的群体普遍性，但在当今时代人口流动性很强，而网页的推送效应也决定了文化和思想的流通性也很强，这些则加强了个体独特性，这个时候要将群体普遍性适用于所有个体，就不一定会正确了。

第零印象中的整体刻板印象，经过证明效应的证明，将会加强这个整体刻板印象，也就是说，证明效应会对第零印象、代入效应、初见效应、同化效应、先入效应、诱偏效应等诸多效应进行强化，让错的更错。

人们对群体普遍性的概念是根深蒂固的，比如人口普查员都是女性，这样人们会觉得安全，从而能敲开更多人的大门，如果是一个彪形大汉登门，人们可能会直接拒绝。

证明效应还有一种反馈效应，那就是当要对某个人进行回报时，潜意识中也会运行证明效应。

比如说当甲从乙那里经常得到帮助和好处时，他的潜意识就会证明乙更好，比如原本是喝酒误事的印象，会被证明为为人豪爽、大气，原本是说话不好听，会被证明为是直率、坦诚……

证明效应主要是为了证明自己是对的，于是它把很多错的证明成了对的，把很多坏的证明成了好的。

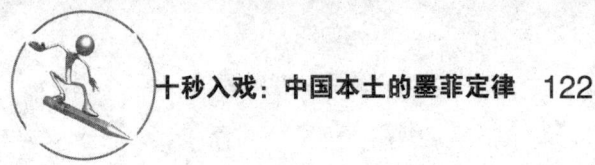

近体格律诗+杜甫效应

为什么有的唐代诗人会被那么多人错误地尊崇？因为我们前面所讲的大多数效应都在这件事情里起作用。

比如十秒入戏，小学生在满脸崇拜的神情中听老师讲某位唐代诗人如何如何厉害，入戏之后终生都以为某某厉害。古人也许是半道上听朋友对某某是如何崇拜，于是他找几本某某的诗集来看，结果看到的都是崇拜，于是他就也跟着崇拜，这是首因效应在起作用。

如果一个人身边接受到的信息全是对某些人的崇拜，那他就潜意识地要保持一致，于是也相信某些人很高大，这是同频效应在起作用。

你很谦虚，面对一个学历比你高、地位比你高的人大赞某些古诗人，你选择了顺从接受，这是学生姿态在起作用。

　　如果所有的人都热情、肯定地赞美皇帝的"新装"漂亮，那么有一个人即便觉得皇帝没穿衣服，他也会赞美皇帝的"新装"漂亮。这是风筝效应和新装效应在起作用。

　　如果所有的网页给人们推送的都是杜甫诗歌的艺术如何之好，那大多数人就会接受它，只有少数本来就反对的人才不会相信，这是推送效应或者说推荐效应在起作用。

　　如果有几个教授出来推荐杜甫的诗集，很多人就会相信杜甫的诗真的很好，这是权威效应和名人效应在起作用。

　　如果有几个人在电视上声泪俱下地讲杜甫是如何际遇凄凉、怀才不遇、忧国忧民（这些都已经在《古诗小论2》中被彻底否定），那么很多人就会相信，无论真假，这是故事效应在起作用。

　　如果很多人都在赞美杜甫好，那么那些反对的人底气就会变得很弱，甚至会将自己的观点隐藏起来，这就是群体效应在起作用。

　　还有一部分不相关的看客，听到别人都说杜甫

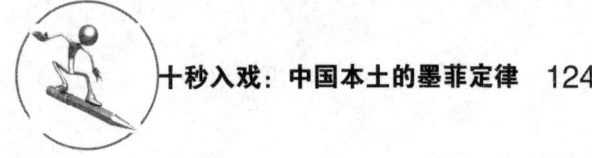

好，于是自己也跟着起哄说杜甫好，这就是成虎效应或者说羊群效应在起作用。

还有一些人看到比自己级别高的人在赞美杜甫，就也到处学着赞美杜甫，因为赞美错了自己是不需要负责的，这就是录音带效应在起作用。

如果有一个教授或学者被邀请写一个杜甫的专集，那他一定会努力把杜甫的诗赏析得很美，这就是先入效应。

如果一个教授被邀请赏析杜甫的诗，可却实在写不出太多惊艳的内容，那他就只好把杜甫的"美好品德"、人生际遇、"伟大理想""高尚情怀"拿出来凑文字赚稿费，这就是在《王子居诗词：喻诗浅论》里提出的外解效应。

更有甚者，为了把杜甫的诗赏析得更美一些，很多教授把杜甫所犯的错误也写成优点，视为高超的艺术手段，这就是证明效应和逻辑欺骗效应在起作用。

人类认知心理中的各种效应都会导致杜甫被错误地盲目崇拜，当以上各种效应共同发酵，就形成了难以打破的杜甫效应。

杜甫效应的本质内核是，如果一个知识体系是错的，那么接受这个体系里的知识越多，人的错误就会越多。

一旦有一个人鼓吹一个错误的知识体系，就会有更多的人来鼓吹这个错误的知识体系，然后让更多人来接受这个错误的体系。

一个错的，会传播成很多错的。就如上面所讲的从众效应，当错误的事情重复三遍，它就变成真理了。当假话有三个人讲，它就变成真话了。

《古诗小论2》里面有个结论：杜甫是历史上被批评最多、批评范围最广的诗人。

从五绝五律到五古，到七绝七律七古，杜甫的所有体裁都被一些人否定。

中国历代诗人们实际上对杜甫已经构成了全面的、整体的、彻底的批评。

让我们看一下《古诗小论2》里的论述：

数据之下，任何细节的魔鬼都无处可逃，我们才能清醒地意识到原来问题是如此严重、如此可怕。数据显示清楚，杜诗就成为中国诗歌史上一个无法想象的错误；杜甫就成为中国文化中一

个荒诞、离奇的传说。有史以来写诗写得其实较差，而又错误最多毛病最多的，恰恰是被尊为诗圣的杜甫。杜甫的诗集总共14万多字，找出几万个错误、败笔怕是不成问题的（可以说多如牛毛了），总的来讲，杜甫诗中存在文法和语法（古代语法，并不是现代意义上的语法）错误的，如果按句来算，他一首诗的错误比例最高可达100%（下文将指出他一首八句，句句有病（接近100%），这些诗都是随机看到的，并非通读选择），一联诗中（2句10字）可以出现语法错误、诗意问题3处。如果算他全集中的一个字，则单例可达25%左右（如杜集共用一百个泪字，二十六个有病，每四个字就有一个错误），以首论，最保守估计至少也超60%（没有文语病的单篇基本是绝句，除去绝句外的律诗和古诗，基本都有错误或败笔），正常估计可达80%甚至更多（超常估计90%以上很有可能，但1445首诗（网络数据）一一找起来太浪费时间，恕不给出这个准确数字了）的作品存在文病和语病，这样的比例是不可想象的。一个著名大诗人犯这种超高比例的错误是难以置信的，是不应当被容忍的（如果没有数据分析，这种错误的严重性很难被更多人清醒地认识到）。有这种错误比例的诗人是不可以用来学习的，尤其是语法、文法正在形成阶段的中小学生。其实我最想问的是："杜甫的1445首诗里，没有语病和诗病的，会不会连一百首都不到？"想要证实，这个工作量实在太大了，也许几个人几十个人合力才能搞得定吧。

在所举的杜甫错误中，恕做一个狂妄的估算，虽然我没有一一去全面认真考核这些错误，有些是凭直觉一眼断定，有些则未及展开论述，但倾当代中国学者们之力，能推翻我结论中的10%已属不易（一些常识性错误会有的，比如我当时没来得及查字典的一些较生僻字，或许会有别的解释能通得过），而按以上杜甫之错误比例计算，杜甫的诗歌只能打二三十分，即便学者们能推翻我10%的论述，也不过能给杜甫找回七八分，则即便如此，杜甫的诗歌也只能打到28、37分这样，依然难以及格。

若说语病文病，或许诗人们都有，但杜甫的

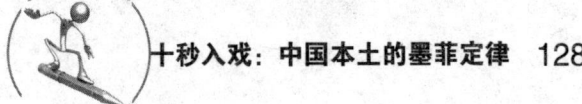

数量实在太多了。

　　读到这里，读者可能能够理解为什么在上节我说古人中钱振煌对杜甫批评得最彻底，他说"杜诗无百字无疵者"实在是太客气了吧?

　　中国的文科生缺少数学和逻辑的修养，常常会犯不可思议的错误，对数学的轻视，从古代开始就很严重了，所以古人把错误的杜甫捧上了神坛。

　　2014年"王子居挑战杜甫最强七律"活动中，其实在活动公布上，是有好几个方案的，其中一个结果就是2：2平。

　　王子居取胜的两个学院，都是理科类，一个是清华，一个是青农大，这是因为理科生不像文科生那样具有很多的文学概念，诸如"诗圣""李杜""中国现实主义诗歌的巅峰"等错误的概念，理科生会比文科生淡很多。

　　另外，理科生不会有文科生那种《登高》是千古第一七律，《蜀相》是千古第一咏史诗那样的十分顽固的先入为主的概念，或者说即便有也不会很浓厚。

　　所以事实上理科生的选择更理性一些。

读过《古诗小论2》的人应该知道，杜甫号称最强的十首七律，很多都不及格，被摘出了很多诗病、语病，至于诗歌艺术，读过《王子居诗词：喻诗浅论》《龙山》的人，想必会从一些解构中真正认识我和杜甫的诗歌艺术之对比。

事实上，可怕的不是你所学的知识被批评，可怕的是你接受了一个错误的知识体系，一个错误的知识体系会造成什么后果呢？它会让一千年甚至更长时间内的所有人都犯同样一个错误。

杜甫效应为什么说杜甫关系了一个知识体系的错误呢？这是因为杜甫在近一千年中是影响中国诗坛最大的诗人，宗杜、近体格律是近一千年中国古诗歌的主流，而这个主流恰恰是错误的。而第一个大力主张、赞美格律的，就是杜甫，而后人也将杜甫捧为格律诗的代表，这就导致杜甫代表了一个知识体系或者说一种主流的文学主张。

所以《古诗小论2》里面还批评了近体格律诗，它是一个小的知识体系，但这个小的知识体系由于犯了根本性的错误，它就导致了中国诗歌从晚唐开始的逐步衰落。

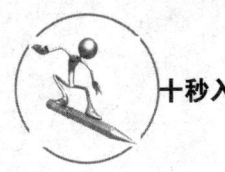

一个错误的知识体系不只影响一个人，更能影响一个时代，甚至很多个时代。

你只有读过《古诗小论2》，你才能更深刻地体验一个错误的知识体系带来的影响。

第五篇

迷茫错乱的自我认知

MI MANG

LUAN DEZI WO REN ZHI

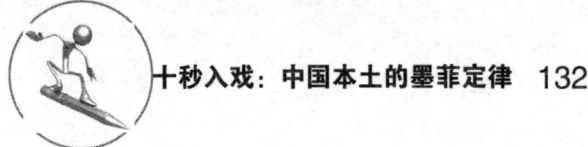

算法支配效应+定向信息诱偏

　　我们现在处在一个信息分割的时代，也就是前些年流行的小时代，即整个社会被不同信息分割成了很多个小块，就好像北极大陆上破碎的冰层，我们每个人都待在一块碎冰上。

　　记得我们小时候，一年也就极度流行一两首歌曲，比如《冬天里的一把火》能火到全国人都知道，但是随着录音机越来越多，随着改革开放的时间越来越长，每一年里可能流行起十几首歌，而这些歌再也达不到全国人民都知道的程度了。

　　而后来歌星越来越多，专辑越来越多，一年都不知道要火多少首歌，而每一首歌的受众数量则越来越少，即便它比从前的歌更好听。

　　现代社会的信息量太大，就像无边海洋里的无数小岛，岛的数量越多，人的注意力就越被分散，这就导致任何一条重要的信息，也就只有它所在的信息岛上的人才会知道。

而推荐效应和推送效应，更是造成了各种各样的信息岛。

而在这一座座信息岛上，充斥着各种各样的信息垃圾。

这些无处不在的推送、推荐，对我们造成了一种算法支配效应。

我们现在好像处在一个免费时代，比如杀毒软件免费，社交媒体免费，游戏免费，看电影免费……

但这些免费项目里是有广告的，它们的运营靠广告收入维持。而且，我们使用的任何一款免费App，都有着信息收集功能，他们收集这些信息，然后反馈给客户……

在这个过程中，我们就成了数据，我们的每一次点击、流览、输入、收藏、转发、评论、付费、购物……都被记录、分析、汇总，然后形成一个精准的数据。

互联网时代，数据形成很快，并不断被更新，所有的App和广告商都要用最快的速度争夺数据，并用

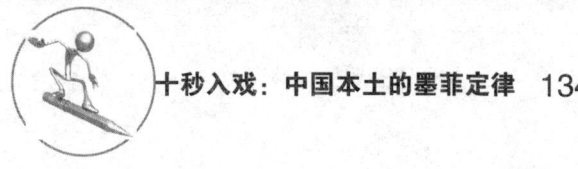

最快的速度获取流量，在流量为王的网络上，只要所获数据更多、获取数据更快，它们对用户的了解就更精准，从而在后面的产品研发、广告推送等各个环节都会抢占到先机，而这些是有指数效应的。先机越大的，竞争中的对手就会变得越来越弱。

但是智能算法并不是完美的，不论它有多么先进，它都是机械的。比如有人的小侄子过年时用他手机看了一个童话，于是手机就不停推送童话，而他小侄子只用过一次他的手机。

当他的手机里充斥童话故事时，对他而言就形成了算法支配下的信息垃圾。

互联网的精准算法，形成的算法支配，有一个特点就是它只推送你感兴趣的或你肯点击、肯买单的，而不是推送真正对你有用的。由于算法支配只推送你点击可能性高的，它事实上对你形成了一种信息诱偏，而不断的同类推送，又对你形成了信息墙和信息井，导致你只能看到一类或几类信息。

当然这个问题前几年就有人提出来了，而现在的网络推送似乎有了一些改善，但它依然会对你形成算法支配，因为你在手机或网络上接受信息并不是自由的，而是被动接受。

算法支配最终形成了更多的信息岛，喜欢同类信息的人挤在充斥垃圾信息的孤岛上，与其他岛屿失去联系。这种信息岛最终可能使人与人之间没有共识，大家处在碎片化的小岛上，可能会导致社会撕裂。

就认知心理而言，信息岛会使我们的认知变得更加片面性、狭隘性，而且我们更容易受定向推送的信息的诱导，从而变得更偏激。如果这个世界陷入更多混乱，那么本来就混乱不堪的信息岛，会加重这种混乱，如果信息推送者推送的是一些反智、混乱、暴动的信息，那么他们能非常精准地影响每一个在信息岛上的人的意志。

我们可以看到在这次疫情中西方许多人如不戴口罩等的反智行为，他们就好像是处在一个充斥垃圾信息的孤岛上，他们接触的甚至有像"疫情根本不存在"这样的信息，我们看到有人进了重症病房，依然不相信新冠疫情存在，而认定自己只是得了肺病。

随着智能算法的更加成熟，信息岛对我们人生的影响将会更大，在大数据的时代，可能不是我们掌控大数据，而是大数据掌控我们。

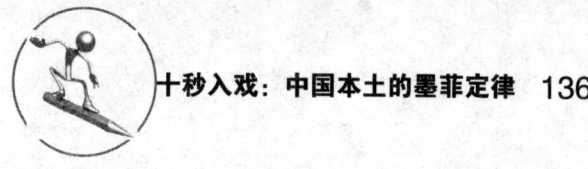

对于一个智者来说，他自然不应被算法支配，而应支配算法。但在这个信息时代，这又岂是一件容易的事情。

梁山效应+少林寺+古惑仔

有些小说人物显然是称不上爱国的，但因为他们是小说中的主人公，所以代入效应、第一眼效应叠加起来，他们就成了我们喜闻乐见的"英雄"。

小时候读《水浒传》，看到梁山好汉"替天行道"，就被他们的热血激情所感染，进而把他们当成了"英雄"。

作为四大名著之一，《水浒传》描写了北宋末年，以宋江为首的一百零八条好汉在梁山泊聚义的故事。小孩子读书尤其是看小人书、卡通的，根本就无法分辨好坏，而电视剧则把梁山"好汉"们进行了正面改造。

于是在我们的认知中，梁山好汉就出现了各种人格分裂。

男孩子小时候最喜欢的梁山人物主要是武松、鲁

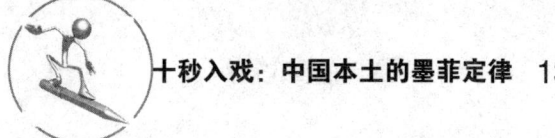

智深、李逵，鲁智深和李逵让人感觉率真，武松让人感觉痛快。

　　事实上即便高中生，也意识不到他们的暴力和血腥，我记得我高一时最好的朋友读《水浒传》，读到李逵好久不杀人了，下山杀了两个偷情的男女，李逵就像剁肉馅一样把两个人的尸体一阵猛剁。我的同学看得十分兴奋，都手舞足蹈了，连说："真过瘾！真过瘾！"

　　男孩子小时候读《水浒传》，都存在这个问题，我们将恐怖分子杀人狂的游戏看成是暴力美学。

　　如果以现代社会伦理来看梁山，那不就是一群恐怖分子吗？李逵在杀得性起时，冲入百姓群中，一顿乱砍，杀害无辜百姓，其他像孙二娘、王英等人，截杀客商后吃人心下酒，就连现代的恐怖分子都没有这么反人类呢。

　　但在男孩子的心里，他们却是好汉、英雄。

　　直到男孩子们长大了，有了儿女，成了中年人，才蓦然发现，一直以来崇拜的英雄，恰是自己最不愿见到的。

　　事实上，当代版的梁山也有，比如香港的古惑仔电影系列，据说从某种程度上怂恿了很多青少年去犯罪。不过那个时候我好像已经成年了，没注意过。

我切身知道的是我们这一代人，那个时候上演了《少林寺》，据说有至少一百万男孩离家出走前往少林寺，我相信这个数字并不夸张，以我们村而言，我自身就受影响，比如小学时候我买过《武松脱拷拳》，也许我记错了，它不是我买的而是我一个远房表哥买的，但我肯定我买过摔跤的书籍。同村的男孩子比我野的有很多，时隔三十年，我记得起名字记得住样子曾经出走想要到少林寺的，就有两个，一个犯过罪但后来比较成功成了一个小富翁，一个则走上犯罪道路最后被枪毙了。男孩的这种风气延续很多年，我上初中的时候，有一次很远的地方有个男孩来我们学校比武，就是这个后来被枪毙的同村应战的，我还观看了他们的比武呢。

这还仅仅是我的同龄人，比我大的人，据说有不少加入了所谓帮派，我是比较闭塞的，我知道的比我大的人因为好勇斗狠而死的就有两个。

这还是我们一个小村子呢。

当一个人心智未成熟的时候，他是分辨不出好坏

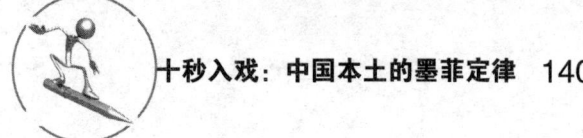

的，他会把犯罪分子、恐怖分子、杀人狂魔视为好汉、英雄，从而走上错的道路。

以前的时候，校园暴力等问题的发生，跟年轻人迷茫错乱的社会认知有很大的关系。

我们从小时候开始经历很久形成的社会认知，像杀人这么明显的犯罪我们成人后都能反醒，但一些隐藏的、潜在的恶念、愚念、痴念等却并不是那么容易根除，它们有一些深深地潜藏在我们的潜意识中，时不时就影响我们的判断，左右我们的行为。

扈三娘李逵效应+僵尸吸血鬼效应

小时候读《水浒传》，宋江将扈三娘嫁给王英，觉得宋江不贪女色真伟大，而扈三娘上了梁山，也觉得她弃暗投明真英雄。

年纪轻一点，是读不了中国的四大名著的，也不该读。

在《水浒传》里，扈三娘的全家，包括父母兄弟在内，都被梁山杀害，但扈三娘却嫁给了梁山的王英，同自己的仇人称兄道弟，从此做了一个女贼。

这种我们现代人无法理解的事情，在梁山上发生了，当然，现实中这样的事情也可能发生。

同样的事情发生在秦明的身上，秦明的妻子被梁山杀死，又取了花荣的姐妹为妻，也同仇人称兄道弟，走在了一起。

难道扈三娘和秦明没有机会离开梁山吗？显然不

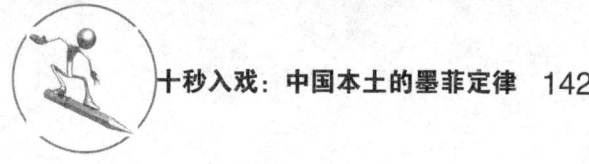

是的，只是她们一旦决定了上梁山，身份认同感就让她们离另一个世界变得十分遥远了。

而宋江在临死前，特意召回李逵并毒杀了他。

> 李逵见说，亦垂泪道："罢，罢，罢！生时伏侍哥哥，死了也只是哥哥部下一个小鬼！"言讫泪下，便觉道身体有些沉重。当时洒泪，拜别了宋江下船。回到润州，果然药发身死。李逵临死之时，嘱咐从人："我死了，可千万将我灵柩去楚州南门外蓼儿和哥哥一处埋葬。"嘱罢而死。

李逵即便被毒杀也不愿反抗，同扈三娘的放弃反抗是一样的。

而卢俊义被宋江等人坑骗，损失了所有家业，还进入了大牢，最后的结果也是上了梁山。

环境是可以异化一个人的，梁山对好汉们的异化我们今天读来觉得不可思议，他们的思想、感情、行为，不是我们今日所能理解。

梁山对"好汉"们的异化，很像是西方僵尸片里的僵尸或者吸血鬼片里的吸血鬼，只要被他们咬一口，这个人就变成他们的一员了。

这种身份的莫名转换，其实在电影《X战警3》里也有表现，魔形女被人类的针剂射中，变成了人类，万磁王立即冷漠无情地说"你已经不再是我们的一员了"。而当万磁王自己被射中变成人类时，他对变种人的态度就反过来了，对自己视为接班人的凤凰女立即视如魔鬼。

而反对变种人的参议员，当被万磁王变成变种人后，他就开始同变种人亲近，而害怕人类了。

身份的转变会让一个人的立场、感情立即发生变化，变成一个自己以前反对、厌恶的人。

这就好像屠龙少年最终变成了恶龙一样。

我们平时所坚持的操守、理想、信念，很多时候是经不住考验的。

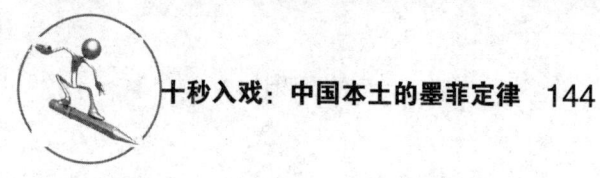

歧路效应

《列子》里记载了一个故事，说杨子的邻居家走丢了一只羊，这位邻居带了亲属朋友等去追寻，结果又来请求杨子的僮仆帮忙，杨子不以为然："丢了一只羊，何必如此兴师动众？"邻居回答他说："岔路太多了。"

追羊的人回来后，杨子问邻居："羊找到了吗？"邻居回答他没有，因为在很多岔路的尽头又出现了很多岔路，羊不知道跑到哪一条岔路上去了。

歧路亡羊是一个比喻，比喻大道丢失在众多的岔路里，没有人能找到了。

《列子》里讲了儒学在后世产生了许多不同的说法，已经没有人知道仁的真义了，事实上，在《喻文字：汉语言新探》里我们探究了仁的意义。并不是后世的人亡失了仁这只羊，而是在孔子的时代孔子也迷失在岔路口里了。

列子用这个比喻告诉我们，大道因为岔路太多而丢失，求学的人因为方法太多而丢失，他们所学的东西在根本上没有不同，没有不一致，但却学到了不同的结果，想要找回大道的那只羊，就只有回归到相同的根本上，回到一致的本质上，只有这样才能不迷失方向。

歧路亡羊是一个历史现象，而且是一个极重要的历史现象。

事实上，我们看到的现代的许多讲效应的图书，它们其实都迷失在歧路上，因为它们没有讲出效应的运用是喻的贯通性这个原理，并且它们讲的效应都是单一的效应，没有发现它们之间存在的逻辑的、次序的联系。

这是另一种形式的歧路亡羊。

而找到喻，就是找到根本，从而各条歧路就被主路贯通起来，就好像有了摄像头，随时能找寻任何一只羊走丢在哪里。

第六篇

迷茫错乱的社会认知

MI MANG

LUAN DE SHE HUI REN ZHI

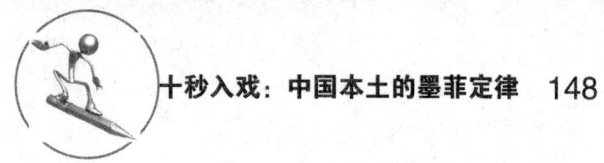

剪羊毛+割韭菜

作为一个写手，我经常流览论坛，现代比较公认的一个理论已经普及成老年人都知道的知识了，那就是美元收割世界财富，用金融手段来剪世界的羊毛。

中国的股民则自称为韭菜。

剪羊毛和割韭菜都是一个比喻，比喻自己被一次次收割。

但我们为什么会被收割呢？因为我们到股市里去赌博了，赌博总是输得多，不可能炒股都赚钱，你想成为赚钱的那一个，就要学会跟庄家一起割韭菜。

就好像赌场的秘密不会让赌徒知道一样，股市的秘密和金融收割的秘密也不会让人知道。所以事实上炒股这件事除了要足够聪明之外，还得运气好。

事实上除了金融界和股市割韭菜外，社会中处处都在割韭菜。

就连网文界也不例外。

当网文界的写手原创能力下降后，他们就只能割新韭菜。

现在的网文界主要就是个标题党，每天在网上看到的，无非就是"大事件……""大变局……""这次某国完了……""百年不遇的××来了……""这次我们见证历史了……""大变局，某国注定衰落……"

又比如有关疫情的，所有人的标题都得是"新突破""新变异""病毒更厉害了""病毒又变异了""某个国家又怎么样了"……

如果是学术界的，那就是像"造假被查，学术界特大丑闻……""院长出事……"

近期的标题党们所有的标题都有一个特点，就是你看到了惊天大事件，却不知道究竟是什么惊天大事件，你知道有人犯事了，却不知道是谁犯事了……你忍不住点进去看看，结果你发现原来只是个芝麻大的新闻，而且有时候你发现这事自己在十几天之前甚至于半年前就知道了。

当你点十次的时候，你还会点下去，当你点过

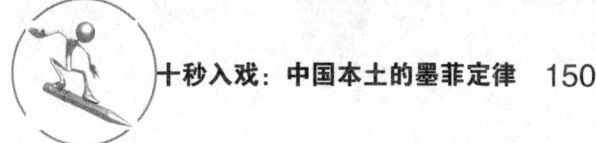

一百次的时候，如果都是这种货色，你就烦了。

但这个世界的一大特点就是人多，总有人会点进去并连点个几次几十次几百次之后才会厌倦。

所以这些网络标题党们就不断地收割新的韭菜，而新韭菜们则浪费自己的时间为标题党们增加流量。

旧镰刀总是不愁有新韭菜。韭菜总会老的，所以需要换着割，网络作家也一样的，尤其是小白网文，从头到尾一个套路，读一篇就等于是读了全书，读一部书就等于是读了十几本书，但网文界依然按那个套路写下去，因为会不断地有新韭菜出现。

还有一些大V因为根本就没有学术的严谨和逻辑，过个两三年就骗不下去了，于是改个名，换个领域继续割韭菜，我见过很多写股票的最后换个名字改写经济，写经济的换个名字改写时政……

有些人割走我们的财富，有些人割走我们的智商，有些人割走我们的时间……

被割几茬韭菜，是你智商的问题。茬数越少，智商越高。

成虎效应+曾母效应+羊群效应→从众效应

曾子是个孝子，更是个遵纪守法的好人，但有一天一个人跑来对他母亲说："你儿子曾参杀人了，快跑吧。"曾母很淡定，我儿子怎么可能杀人？第二个人跑来了，说："你儿子曾参杀人了，快跑吧。"曾母开始不淡定了；第三个跑来跟曾母说："你儿子曾参杀人了，快跑吧。"这一次曾母翻墙跑了，她也不相信自己的儿子了。

最后的结果是有一个同名的人杀人了。

商人赶集，有一个人说："快跑吧，老虎来了！"没人信他，接连有三个人对商人这么说，商人连货都来不及收，就跟着他们跑路了。

当错误的事情重复三遍，它就变成真理了。当假话有三个人讲，它就变成真话了。

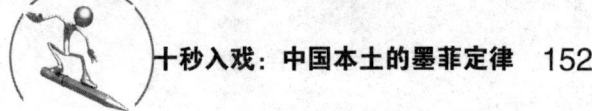

大多数人并没有合格的辨别能力、判断能力，因而在判断和决策的时候，很容易受到别人的影响。这就是从众效应。

除了人多外，还有就是权威，当某个错误观点出现后，假如有一个众人心中的权威支持，最后大多数人就会支持。

《乌合之众》的论点是，一个人独处的时候，会有鲜明的性格特征，但是一群人聚在一起，就会表现出情绪容易激动、做决定随大流等从众表现。

事实上，这种现象还有一种表述，就是兽（羊）群效应，电视上非洲野牛也罢，鹿群也罢，只要有几只因躁动跑起来，其他的都会跟着跑起来，即便其他的牛并没有发现危险，它们也会跟随已经跑起来的牛一起跑。

大多数人摆脱不了从众效应，所以大多数人的知识是不可靠的。

为什么大多数人会成为韭菜？因为从众效应。每一轮股市收割的时候，总会有主流媒体、权威专家、明星名人在刺激韭菜们的神经。

正如查理·芒格所说，人类倾向于集体做蠢事，在某些情况下，他们就像旅鼠一样聚在一起，这可以解释许多"聪明人"的很多愚蠢的想法和行为。

从众会让韭菜们受到"市场先生"的支配，因为"市场先生"本身就代表了普罗大众。巴菲特的老师格雷厄姆曾说过，"市场先生"本就是个躁郁症患者，时而非常狂躁，时而极度抑郁。

从众的韭菜们恰是如此，如果不从众，可能割不到别人的韭菜，但也不会被别人割了韭菜。

从众效应连曾子的母亲这样的有名的贤母都放弃对儿子的信任，正因为乌合之众具有强大的心理暗示力量。

如何避免从众？

巴菲特是这样说的："他人贪婪时你要胆怯，他人胆怯时你要贪婪。"

2005年到2007年，美国社会正处在一个普遍相信市场没有风险的阶段，绝大多数人都相信，房地产能够抵御通货膨胀，并能够永久居住。

以至于市场上流行着一个荒诞的说法：金融风险已经被消除，经济周期不会再出现。

于是韭菜们安心地投资。

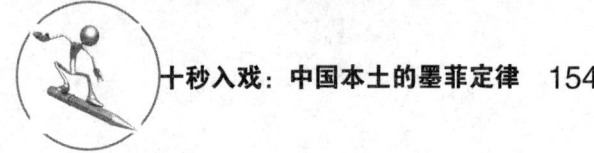

　　而橡树资本的创始人霍华德·马克思则没有从众。他认为，在绝大多数人都普遍相信没有风险的时候，其实正是最大的风险，在这种时候，想不成为韭菜，就最好和所有人都背道而驰。

　　于是，2005年时，橡树资本选择离场。等到2007、2008年，经济开始崩溃。

　　当经济危机如期而至时，橡树资本成为为数不多的获利者之一，以极低的价格收购了大量的资本，并在随后到来的经济复苏中，获得了巨额回报。

　　从众是很容易的，而相信自己与他人不同的判断则很难，既需要强大的信心，还需要强大的心理承受能力。

　　当然，看出众人的缺点和问题的智慧也是不可缺少的，这并不是一个简单的反其道而行之就可以了的问题。

　　羊群效应是从众效应的别称，一般指个人在群体力量面前放弃自我的理性判断，而追随大众的倾向，并泯灭自主意识，不会主动思考在自己面前发生的事件或现象。

羊群效应最早是股票界使用的一个术语，那就是大多数股民选择股票时会选择大多数人都去追捧的热股，他们在交易过程中没有真正独立思考，而是盲目模仿别人，或者学习同样的炒股知识，用同样的炒股理论指导自己，从而做出同样的炒股行为，买卖相同的股票。

社会心理学家将这个比喻贯通到社会学、心理学领域，用来形容个体由于自己真实的或仅是想象的群体行为，从而向着与大多数人一致的方向产生变化。

我在一些书中看到一个阿希从众实验，与上面讲的三人成虎、曾母效应几乎没有区别，但却成了心理学史上著名的案例了。

美国心理学家所罗门·阿希做了一个视觉感知的心理实验，每组邀请了六个志愿者，但其中五个是托儿，只有一个志愿者才是实验对象。

阿希用一张画有一条竖线的卡片，让大家判断这条线与另一张卡片上的三条线中的哪一条线等长，总共进行了十八次。

在两次正常判断之后，五个托儿故意异口同声地说出一个错误答案，结果有75%的志愿者被他们带

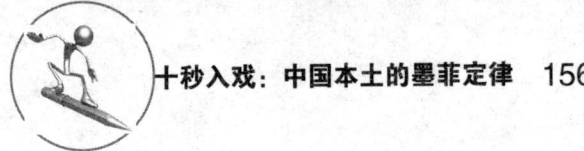

偏，至少做出了一次从众的错误判断。

羊群很容易受到信息暗示，有一只羊惊恐地跑起来，所有的羊都会惊恐地跑起来。现实中很多人容易受到各类的心理暗示或信息暗示，容易盲目接受看起来人数比较多的认知。

因为从众效应的存在，很多人就利用这个认知心理弱点割韭菜，比如前文提到的粉丝数量造假，刷单等销售数据造假，排行榜买榜行为……

那些缺少主见、容易从众的人，看到这些虚假的数字，就去轻易购买产品，以为网络上的销售数据是真实的。

权威效应

古人很早就知道权威效应了，比如说"人微言轻，人贵言重"，讲的就是人很容易被权威效应所影响、改变，早晨起来还跟同学争得面红耳赤，吃过早饭老师说同学说的对，马上就改变认知，与老师和同学一致了。

现代逻辑学教人理性判断，不唯上只唯实，其实说起来容易做起来难。

权威效应之所以存在，是由人们的安全心理造成的。首先，很多人有官本位思想，如果职位更高的人做出了论断，那基本上没有人反对他，即便他的论断就是皇帝的新装，也不会有人指出来；其次，人们认为权威人士在他所在的专业领域一定要比外行更专业，所以在自己没有判断能力的情况下，就选择相信权威人士。

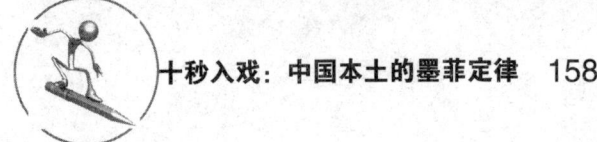

事实上，即便是极顶权威的人士，也有错的时候，比如西方最早的顶尖哲学家和科学家，亚里士多德，曾经认为不同质量的物体下落速度不同，物体的下落速度和其质量成正比，质量越大的物体，下落速度也越快。

一千七百多年里，这个理论成为人们心目中的权威理论，但是伽利略对这个理论产生了质疑。为了说服遍布全世界的反对者，他做了著名的比萨斜塔试验，仅用了几秒钟，那些对他十分愤怒的亚里士多德的拥护者就彻底失望了，伽利略终于改写了自由落体理论。

爱因斯坦曾说："从少年时代起，我就对所有的权威说法持有怀疑态度，对社会上的任何信息都抱有怀疑态度，这种态度一直陪伴着我，直到现在。"如果没有独立思考和对权威的质疑，人类社会就不可能进步。

中国古文化在数千年的发展进程中，产生了很多落后的、愚昧的概念、思想和行为习惯，如果不质疑古代的权威，不能与时俱进，这些错误和愚昧就会永远地停留在人们思想里。

而我们向传统文化的学习就会不可避免地陷入错误的路径之中。

盲目服从、盲目听信、食古不化、厚古薄今，都是当代人学习国学的错误态度。

我们最需要的是独立思考，只懂接受的记忆式学习是不会产生创新思维的，现代社会新事物越来越多，我们必须用创新的思维来发现问题、提出问题、思考问题、解决问题。同样的，我们要用逻辑和事实来检验我们学到的知识，包括权威的论断。

如果我们失去独立思考的能力，那么我们周围的诸多"专家建议""专家推荐""专家指导"，就会变为商家或其他组织割我们韭菜的镰刀。

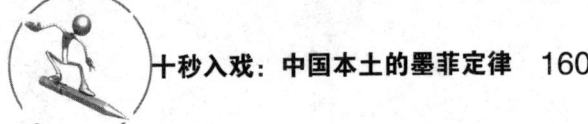

群体绑架效应

群体效应可能是羊群效应的升级版，羊群效应只是一种盲从，而群体效应具有同化效应的特点。

比如在一些讲《墨菲定律》的图书中，有一个历史老师罗恩·琼斯模拟法西斯的试验，他运用简单的统一手段，最后用五天时间将二百多名学生们变成了"纳粹"，然后这位老师得出结论：几乎每个人都可能成为纳粹，集体犯罪其实是一个心理问题。

在这位老师提出的口号里，有"有纪律才有力量""合群才有力量"等，经过他的一系列运作，学生们几乎忘记了所有书本上学到的关于对法西斯的批判，而变成了另一类法西斯。

也许群体效应应该与同化效应合一，称为群体同化效应。

伏尔泰说："人人手持心中的圣旗，满面红光走向罪恶。"是对群体同化效应的一个注脚。群体效应十分容易地就能使人们毫无原则地盲从、毫无底线地追随，从而集体失去理智。

当个体形成为群体之后，由于群体对个体进行了指导和约束，会使所有人在心理上和行为上发生趋同性的变化。有一些个体的力量会感觉自己在群体中得到了强化。

但如果这个群体走偏的话，它可能会形成各种坏的组织，比如黑社会、犯罪团伙、犯罪集团、诈骗集团、阴谋集团，在学术上，它可能会形成所谓的派别。

比如在诗坛上，有宗杜派，有近体格律派。

上面所讲的一些个体的力量会感觉自己在群体中得到了强化，而一旦感觉自己在群体中得到强化，这些个体就会拼命地维护这个群体。

于是群体效应就升级为群体绑架效应。

电影《浪潮》就是根据罗恩·琼斯上面的心理学试验拍摄的。电影中有个学生蒂姆，性情软弱，总是讨好别人，当组织成立后，蒂姆积极加入并从组织中获得了力量和勇气，由于迷恋于这种勇气，最后在这

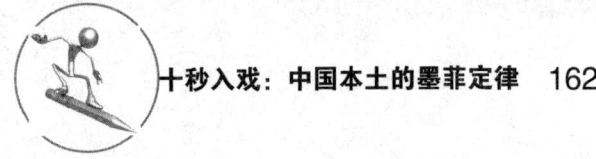

个实验结束，组织要解散时，蒂姆甚至掏出枪来胁迫其他人不得退出。

从而在群体效应中除了同化效应外还有了一种绑架效应。

事实上世界上讲群体效应、绑架效应最好的案例不在外国，而在古代中国的《水浒传》中。我们下文里讲到的水浒人物，很多都发生了群体绑架效应。

两千年的封建文化的圈养，使一些人缺少逻辑判断思维，也缺少反思批判精神，我们的从众心理其实是很重的，在文化上也是如此，由于当权者罢黜了百家，而只剩了儒术，于是我们在两千多年的历史时光中，我们的文化就没有大幅度进步过，只有局部的文学如唐诗宋词等有了一些进步。

而在封建社会的皇权治理下，所有人的思想、认知都是被群体绑架的，其他任何学问都会被儒生们斥为异端、邪僻，商业和自然科学则被视为下贱，人们自然也就没有丰富的、真实的文化和知识可言了。

金刚狼和变形金刚：搞笑的漫威效应

我看过不少遍《金刚狼》和《变形金刚》，但看多了后就觉得很好笑，因为在美国电影里，凡是英雄，都是投降派。

他们个个都是叛徒、犯罪分子、少数异类，比如擎天柱背叛了自己的种族、星球，跑到美国来帮美国人维护世界和平，打自己的同族人，擎天柱甚至杀了他的母亲。

而且他们脾气还特别好，简直就是打不还手骂不还口，简直就是圣母，即便他们的伙伴被美国各方给杀死了，他们也依然绝对忠诚于美国政府。

事实上电影电视在处理这些问题时手法都是一致的，那就是电影里的反派说出的理由总是弱弱的，正派说出的理由总是有力的。

而同理，正派很多经不起推敲的问题都掩盖在一

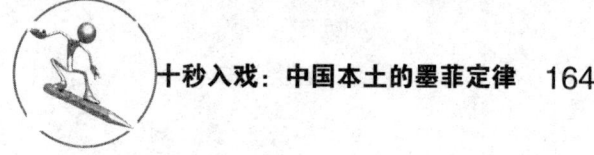

个正义的表象之下。

事实上，地球真的需要擎天柱来救吗？好像美国军队每次出动的都是几架飞机、几辆坦克，这样的军事行动能说明地球很需要擎天柱吗？

他们就好像是随便派出几个大兵，特意看擎天柱表演一样。

虽然说电影电视大多都经不起推敲，很多都有逻辑漏洞，但像美国大片这样敢编的还真是独此一家。

擎天柱的口号是什么呢？是"为了自由！"而他为了自由与自己的民族开战了。

美国大片的特点就是，它们的英雄主角大多数是从别的国家来的流窜犯、逃亡者、小偷、犯罪分子、叛国者，这些人被CIA们一通欺负后，变成了美国的好人，然后去跟自己国家的人打架，当然，他们的国家全部被塑造成了流氓国家……

美国大片特别喜欢把异类、非主流、少数派塑造成英雄，比如《速度与激情》里的一群偷车犯，当我们荷尔蒙激飞，看得热血澎湃的时候，我们没有想过，他们把多少路边无辜的车辆给报废了，假如这其中的一辆是你的车，而你恰恰没钱买保险，或者像这种意外情况保险公司不予赔付……

　　现在人们看美国大片，和我们小时候看《水浒传》《少林寺》《古惑仔》是一个道理，只不过现代的孩子比我们那个年代早熟、更懂事一些罢了，而且电脑游戏和手机游戏的兴起，令他们不需要再离家出走上少林寺了……

第七篇

认知中的心理缺陷

REN

ZHI ZHONG DE XINLI QUE XIAN

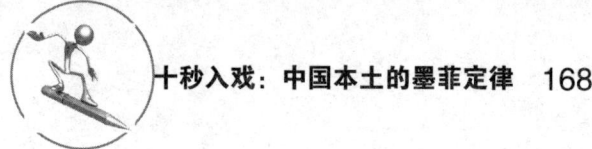

镜中像→梦中影效应

佛学中有十喻说，其中梦、镜像是非常著名的两个。在佛教的本义而言，镜中像和梦中影本都是虚幻的事物，用来比喻我们对这个世界的认知是虚假、错误的。

1902年美国社会学家查尔斯提出镜中我效应，他认为："一个人的自我观念是在与其他人的交往中形成的，一个人对自己的认识是其他人对于自己看法的反映，他所具有的这种自我感觉，是由别人的思想、别人对于自己的态度所决定的。

在《人类本性与社会秩序》一书中，他比喻："每个人都是另一个人的一面镜子，反映着另一个过路者。"

我不知道是不是中国的翻译发生了问题，我在读这些西方的效应时，总是感觉到它们在逻辑上不严谨，在表述上也有问题。

比如一本书中所举的一个例子："小说中常会有这样的情节：一个无恶不作的人，仿佛心里住着魔鬼，骨子里流着邪恶的血液。某一天，他来到一个陌生的地方，在机缘巧合下做了某件好事，于是，所有人都赞扬他，认为他是圣人。慢慢地，他也真的相信自己是个好人，然后他开始用好人的标准来要求自己，于是最终他用生命赎清了自己的罪恶，完完全全成了圣人。"

这部书里面用这个例子来讲"镜中我"塑造"真的我"的过程，显然在逻辑上是不对的，因为这个人只有一次被赞为圣人，而更多次的罪恶他是被视为罪犯的，那么一个极小概率的"镜中我"塑造所谓"真的我"，显然是很可笑的。

按镜中我效应的逻辑，如果一个人干了十件坏事，那么其他人显然有十次把他视为坏人，由于自我感觉是由别人的思想、别人对自己的态度所决定的，那他将会成为一个更坏的人。

一百件坏事造成的他人态度，和一件好事造成的他人态度，谁更能决定这个人的人生？显然这本书里

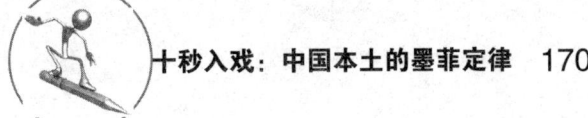

面的这个论述逻辑是错误的。

我现在看到的一些书中对于镜中我效应的表述相当有问题。"他所具有的这种自我感觉，是由别人的思想、别人对于自己的态度所决定的"显然是不正确的，如果这个结论成立，那我们每个人的自我认知在哪里？我们有没有独立的自我认知？

"一个人对自己的认识是其他人对于自己看法的反映。"这句话也存在很大的问题，随便举一个例子：无论是柏拉图、牛顿、爱因斯坦还是康德，他们都不可能是由别人的思想、别人对于自己的态度所决定的。普通人能够正确认识像毛泽东、老子、孙子这样的哲人吗？显然是不可能的，如果普通人连正确的认知也没有，如何决定这些伟人的自我认知？正如老子所说："知人者智，自知者明。"我们的自我认知与别人对我们的态度是两回事。

如果镜中我效应成立，那所有人就没有独立思考的可能了，自我将完全没有主观能动性，完全变成由社会全权决定。

镜中我效应是一个混乱的、表述不清的逻辑。

镜中我效应的诸多表述都不正确，比如"我们只能从镜子里看到自己的长相，我对自我的认知也都是来源于别人对我的看法。"显然是一个错误的论断。

　　事实上，我们生活中的"理解万岁"一词，已经十分明显地告诉我们，别人对我们的看法有多么离谱。人与人之间互相认知、理解是很难的，如何能够"我对自我的认知也都是来源于别人对我的看法。"如果这个逻辑成立的话，那么当年毛泽东的游击战术被批为山沟沟里的思想时，他就应该对自我认知产生改变，变成也认为游击战术是山沟沟里的思想不值一提。那么历史上所有坚持真理的人都得放弃真理，所有正确的思想都要改变为错误思想。

　　镜中我效应的逻辑是十分荒唐的，它完全泯灭了人的自我主观能动性，将外界影响视为唯一决定性因素，从而带偏了我们的认知。

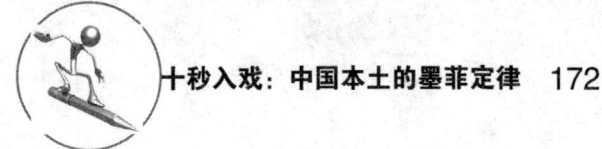

叶障效应+晕轮效应+光环效应+名人效应+情人效应

　　美国心理学家爱德华·桑戴克于20世纪20年代提出"晕轮效应"，又称"光环效应"，它取喻于月亮周围的光环向周围弥漫，从而掩盖了自己其他的特点。用来喻指人们对于他人的认知和判断往往只从局部出发，扩散而得出整体印象。这是一种以偏概全的认知方式。

　　而中国亦有一个比喻，"一叶障目，不见泰山"，比喻因眼前的障碍，看不见更远更大的事物，隐喻被小事迷眼，观察不到更重要的事情，也隐喻只见局部不见全局。

　　桑戴克曾经用一个实验来证明他的"晕轮效应"，他随机选取一些照片给志愿者看，让志愿者根据照片评价这些人的性格特点，结果这些人中那些魅力十足的人被赋予了理想性格，像和善、宽容、平易近人等。

我们很少有足够的时间并通过足够多的事情来认知一个人，所以我们对其他人的认知往往具有很多想象的成分。如果我们先接收到某人的正面形象，那么许多和这个正面形象相关的品质就会被潜意识赋予某人；如果我们先接受到的是某人的负面形象，那么许多和这个负面形象相关的品质就会被潜意识赋予某人。

很多女孩子迷恋男子的相貌、风度等外在表现，于是投身爱河，结果却发现被骗。

情人眼里出西施，我们对他人的认知，会被一个好感所左右，只要是我们感觉喜欢，我们就想当然地将更多好的主观评价赋予这个人，而只要我们厌恶，我们就会想当然地将更多坏的评价赋予他。

这就导致我们无法正确地认识他人。

名人效应也是这个道理，如果觉得某个人有名，很多人就会选择相信他，而不去凭借自己的判断认识他，这就导致很多借名气行骗的人屡屡得逞。

广告宣传中最重名人效应，但我们在实际生活

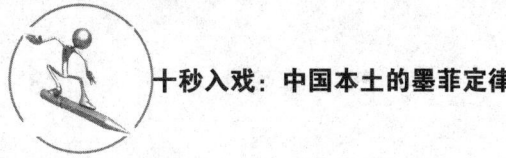

中，经常出现虚假广告，名人的形象与产品的质量是不相关的，但很多人依然受广告的影响。

现在流行的网红直播带货也是同样的道理，某些网红并不了解货物，网红的形象跟货物的质量、价格也没有任何关系，但"晕轮效应"能让很多人相信网红，并愿意掏钱买单。

事实上，早在春秋时期，孔子就说了，"以言取人，失之宰予，以貌取人，失之子羽。"无论是帅气的外貌还是风趣的言语抑或是翩翩的风度，都有晕轮效应，都会误导我们。子羽的相貌比较丑，孔子就认为他资质低下难以成材，对他态度很冷淡，子羽只好退学靠自己自学，而宰予长得仪表堂堂，能言善辩，深得孔子喜欢。

然而子羽热爱学习，喜欢独立思考，离开孔子后发奋图强，成了著名的学者。并且他处事光明正大、不走邪路，名声传开了，很多青年慕名到他门下学习，而宰予非常懒惰，大白天睡觉，气得孔子骂他"朽木不可雕也"。后来宰予凭借自己的伶牙俐齿在齐国做官，结果伙同他人作乱，被齐王处死，孔子听到他的死讯，发出了上面的感叹。

事实上，我们人生中的晕轮效应有很多，比如电视台、报纸、权威人士，虽然现在话语权下移，但网红依然具有晕轮效应。

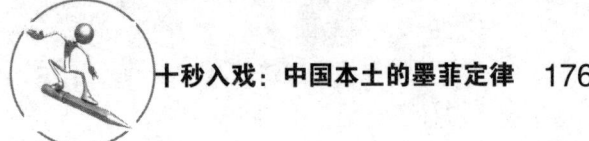

黄雀效应

比喻用来讲明道理，一是因为抽象的道理比较难懂，二是抽象的道理不生动、无趣味性，给人的印象不深刻，三是抽象的道理不切身，不具形象感，不能立时触动人的神经。所以此时游说者或讲学者就要运用形象的比喻来达到更好的效果。螳螂捕蝉，黄雀在后的故事，就是一个很好的说明。

吴王寿梦准备攻打荆地（楚国），遭到大臣们的反对。吴王心意坚决，在召见群臣时警告："胆敢劝阻我出兵的人，就将他处死！"

这时，有一个少年，知道劝告必定没有效果，于是想出了一个办法。每天早晨，他都拿着弹弓、弹丸在王宫的后花园里转来转去，不顾露水湿透他的衣服。吴王对他的行为感到奇怪，问道："这是为何？"少年回答："在园中的大树上有一只蝉，它一面鸣叫，一面饮着露水，却未察觉有一只螳螂在它的后面准备捕猎它；螳螂想要捕蝉，却又不知旁边来了一只黄雀；而当这只黄雀准备啄食螳螂时，它又怎知我的弹丸早已对准它了呢？它们三个，都是只顾眼前的利益而看不到隐伏的灾祸。"吴王一听很受启发，随后就取消了这次军事行动。

一个宫中少年的知识能力、策略水平，肯定不能与朝堂之上的文臣和武将相比，但运用各种政治军事层面的理论和知识来劝谏，无论多么有道理，都很难为吴王所接受，而一个比喻，运用生动直观的形象，一下子就可以让吴王感觉到生死的危机，这就是直观形象的力量，也是为什么中国人喜欢用喻来讲道理的原因所在。

事实上，黄雀在后的故事和它背后的心理博弈在历史上不断地上演。无论是黄雀还是螳螂，都不是终极补食者，它们都同时扮演着两个角色，一个是捕食者，一个是被捕食者。

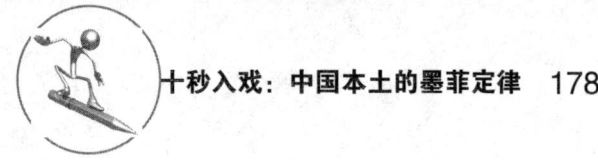

　　而身兼双重角色的人心理是最纠结的，他们都想获得食物，但又都担心自己反而成为食物，而这一幕在春秋战国时期是反复上演的，比如拙作《大秦帝国》中，就有很多这样的案例。

　　比如说马陵之战，马陵之战发生于周显王二十八年（公元前341年），魏国发兵攻打韩国，韩国国小，只得向齐国求救。齐国应允救援，以促使韩国能竭力抗魏国。在魏韩打得差不多的时候，齐威王以田盼为主将，田婴、田忌为副将，孙膑为军师，运用"围魏救赵"的战法，率军直趋魏都大梁，诱使魏军回救，以解韩国之困。又用"减灶示弱"的方法，最终在马陵将魏军十万精锐杀得溃不成军，杀死了魏将庞涓，并俘虏了魏太子申。经此一战魏国元气大伤，失去霸主地位。从这一段历史来看，魏国想做螳螂，结果却成为黄雀的食物。

　　但一个故事讲明的道理毕竟会比较简单，历史远比这复杂得多，因为当一个棋手想做螳螂的时候，出现在他背后的不会只是一只黄雀，由于魏国国力被削弱，于是在公元前340年（秦孝公二十二年），商鞅率秦军在魏国的西鄙会战魏军，商鞅虽然乘魏之弱，但却并没有动用军力与魏军硬战，而是使用了诡计。商鞅先是送书给魏军统率公子卬："吾始与公子欢，今俱为两国将，不忍相攻，可与公子面相见，盟，乐饮而罢兵，以安秦魏。"结果公子卬上当，与商鞅会盟，商鞅埋伏甲士俘虏了公子卬，然后对魏军发动进攻，失去统帅的魏军大溃。这一战打得魏国国力空虚，不得已，魏惠王只好割让黄河以西的部分土地，这样，孝公终于收回了被吴起夺去的河西部分之地。

魏、韩、齐三国大战，最后得利的是谁？是时隔一年后才加入战场的秦国。魏国国力空耗、精锐尽损不说，还失去了河西之地，韩国被魏国攻击，国力当然也是被削弱的，齐国看似战胜了，但出动了那么多兵马，却只是打了一场胜仗而已，虽然威望上升，但只有秦国得到了实地，所以秦国才是最终的胜利者。

很多国家都在捕食蝉的过程中遭遇了黄雀，但很多时候也有成功捕食的，比如秦赵的长平之战，由于两军一直处在胶着状态，其他诸侯还没来得及做黄雀呢，螳螂就已经把蝉给捕食了。

猎食者和被猎食者的角色置换，使得诸侯国在进攻其他国家时是相当谨慎的。

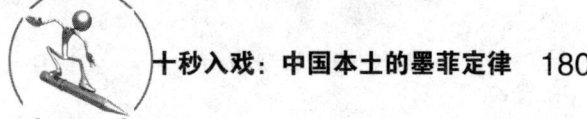

　　虽然说秦国经常做黄雀，但它也一样时常成为螳螂，如魏冉执政后，军事上还是处于攻势，也取得了一系列的胜利。魏冉善于发现人才，重用名将白起，在对齐楚三晋的一系列战争中接连取胜。公元前301年（秦昭襄王六年）和公元前298年（秦昭襄王九年），秦军两次大败楚军。而面对日渐强大的秦国，诸侯只有联合起来共同对付。公元前296年（秦昭襄王十一年），齐、韩、魏、宋、中山五国联军攻秦，秦国只得将原属魏的河外的封陵和原属韩的武遂还给韩魏求和。这一次的秦国就做了一次被捕食的螳螂。

　　在国际战争中，黄雀在后的事情屡见不鲜，比如二战时期先发动战争的是德国，后来取得胜利的却是美国。

　　黄雀效应的最大难题在于，有时候我必须要捕获猎物，但我不知道谁会成为黄雀，很多时候我可以在黄雀到来之前先把螳螂吃掉，但很多时候又会引来很多黄雀。而最重要的是，只有当我成为螳螂时，黄雀才会出现；也只有当我成为黄雀时，射手才会出现。

　　所以这个心理游戏既考验智商，也考验能力，更考验耐性。

覆辙效应

我们在任何时候都不要小看一个比喻，一个小小比喻中的道理，可以决定一个国家的兴亡。如前门驱狼、后门进虎，与虎谋皮、与狼共舞、小白兔与恶狼共进晚餐、为他人做嫁衣等典故都由来已久，这几个成语跟螳螂捕蝉、黄雀在后一样是告诫我们不要贪眼前之利益和成就，而招致更强大的敌人和祸患。可是汉末何进召董卓进京时，就不听诸人的劝告，从而导致了自身的覆灭与汉室的最终倾亡。

我们应该很熟悉一个成语"前车之覆，后车之鉴"，其实这个成语有很多出处，如《荀子·成相》："前车已覆，后未知更何觉时！"汉朝刘向在《说苑·善说》中说道："前车覆，后车戒。"都讲过这个成语，而《后汉书·窦武传》中说道："今不想前事之失，复循覆车之轨。"

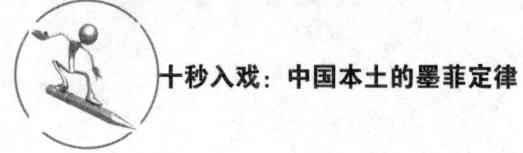

　　覆辙效应是讲"一个人在同一个坑里接连跌倒两次"的，看起来像是一个笑话，但其实它可以变得很沉重，因为这种错误是可以覆亡一个国家的。我们这里要讲的就是"一个国家在自己挖的坑里跌倒两次，亡了两次"。

　　我们可能会轻看了一些看似简单的喻义，但在历史上，这却是有无数次血淋淋的教训的。中国的朝代中有一个特殊的朝代北宋，它因为犯相同的战略错误两次而亡了两次。第一次北宋联金灭辽，结果失去了江北，第二次南宋联蒙灭金，结果失去了江南。两次教训一次比一次严重，树立起来的敌人一次比一次强大，从而亡了国，使得华夏文明出现了断层。两宋的教训，在今天的政治中依然有着深刻的启迪意义，合纵连横的得失利敝，是值得深入思考的。如果两宋能贯彻古老华夏文明那个最根本的喻义"天行键，君子以自强不息"，采用自强不息的喻，而不是与人联合，或者采用哪怕民间的俗语之喻"与虎谋皮""前门驱狼后门进虎"这样的比喻，恐怕也不会在同一个坎上灭亡两次吧？

　　而一个国家，两度覆亡都是因为采取了同一个策略，难道不该成为天下的笑柄吗？其后来者若不认真汲取此中教训，就更可笑了。

一个小小的看似不起眼的比喻，可能就是一个国家一个民族灭亡的惨痛教训。

所谓的与虎谋皮、前门驱狼后门进虎，这些古人的经验之谈，宋朝都没有吸取。

覆辙效应其实是一种侥幸心理在作怪，以为自己运气好一点，或者以为自己能力强一点，可事实上，覆辙永远是覆辙，面对覆辙要谨慎。

王子居著作书目

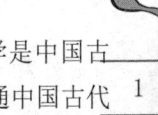

王子居：喻学和演学理论体系的建立者。华夏古老的喻学、演学是中国古代文明传承中唯一能称为具规模理论和应用体系之学的学。它亦是贯通中国古代文明全部认知领域的学术。国学大宗、33维大诗人、博学家、中医和养生理论学家、医学科普作家、散文大家（天地大散文的开创者）、诗词评论家和诗学理论家、语言学家、哲学家、管理学者，从事培训师、出版人、经理人等职业。

喻文字理论体系的创立者、喻诗学理论体系的创立者，还建立了局演论、诗演论、琴演论、文演论、体演论、德演论、智演论、美演论、礼演论等诸多演学理论体系（具体皆见下文诸图书简介，目前已经出版相关著作十一部）。《龙山》为我们展现了**人类文明史上目前仅见的33维文明模型**。

2021年喻诗学四部曲出版后，在所有具诗学版块的国家级平台上都进行了发布，并得到加精推荐。无论是五律还是七律抑或七古等体裁，都无异议地论证为数首皆可为千古第一，从而开启了一个全新的诗学时代。

呼吸术理论领域的集大成者和创新者，平衡养生学、国喻养生学、喻医学理论体系的创建者（具体皆见下文诸图书简介）。

《王子居诗词：喻诗浅论》《龙山》给我们显现了单句33维诗境的极限境界，展现了喻诗九度33维的诗学道路，为中国诗歌的创作和发展指明了道路和未来，并让我们看到了真实的王子居诗词：

2021年可以说是世界文化史上的喻诗学年，在这一年里喻诗学取得了诸

1

多纪录，它在所有具诗词版块的4家国家级平台及其他平台成功发布，并取得了精华比例、精彩推荐等项的各种最高纪录，它甚至在理论版块获得了时数比是过去10年时数比10倍及更高的纪录。**这些成就和纪录是历史上任何其他诗歌名作及理论著作都未能达到的。**

这个小册子只能举出喻学所取得成就的一小部分。

《龙山》在闲闲书话等论坛发表后（贴名《千古第一雄诗龙山》）在2019年一整年点赞率保持在最低70%左右，无一差评。成为世界文化史上唯一一个没有任何反对的世界第一（对于这一点，读者可参考论坛中无论说李白第一或杜甫第一都会有很多人反对的现实，且此贴非常明确地讲李杜差得很远却未被质疑）。

同时**这一学术贴也成为网络史上点赞率最高的贴子**（可以仔细想一下你的记忆中可有无一反对、点赞率达到70%的贴子？有疑问的读者可以进天涯去尝试能否找到另一个点赞率过5%的贴子……）

而且，天涯的点赞率跟诸多论坛及自媒体是不一样的，天涯的点赞要满足很多条件，一是必须是注册会员，二是必须会员登录，三是登录者手里必须有能量。而且天涯的点赞是有货币值的，它是可以当钱花的。

所以《龙山》的这一纪录是极为难得的。

因为《龙山》的维度很高，所以事实上喻诗学四部曲都是为讲清《龙山》的维度而创作的，以此而言近八十万字的著作，只为了讲清一首《龙山》，而且它事实上并未讲完。

魔方之书：

由于王子居的学术通常读起来都很简单，但看似简单，实则博大精深，为了照顾部分读者的理解能力，我们通常在不同的网文前都会附一段相同的按语，免得这些读者等闲错过价值极高的知识。

王子居在治学时，经常运用到的方法有排列组合，我们在《龙山》《喻诗浅论》两部书里，也经常讲王子居的喻诗学用一个书系结构是无法表达的，也就是说他的喻诗学是立体的，用图书这种平面视图的目录纲目，是无法真正体现喻诗学的全体的。

为什么这么说呢？目前喻诗学四部曲的章节次序，是为了讲清《龙山》的，是一步一步、一层一层讲喻诗的维度的，它是一个为了讲清《龙山》而选取的平面纲目。

但在喻诗学四部曲里，其实还讲到中国诗学的基础理论的革命，当我们将其中章节重新提取出来时，就形成另外一个完整的诗学理论革新的纲目，它大约可分十几个大章，在这个纲目中，喻诗学四部曲的次序就完全改变了。当然还有喻诗学九度33维这个体系结构，还有一个可提炼出来的体系就是以诗学讲的语文学、文字学，为什么喻诗学四部曲可以变化出一个文字学、语文学的知识体系？因为中国自古以来传承的修辞学、文法、文字运用，在喻诗学四部曲里都被改变了、发展了、拓宽了、升华了，**你以前所学到过的语文，已经是落后了、低档了……**

打个比方，**王子居的喻诗学尤其是喻学和演学就像一个变化的魔方，它可以变化出各种各样的知识体系和架构，**而不是一个固定的平面的知识次序。

如果要讲解得更深刻一点，我们看到的大多数的图书，就像一座山或一条河，内容都已固定，不能再产生深刻的变化，但王子居的喻诗学是基础理论，什么是基础理论？基础理论的构成要素一定是最基础的因而也一定是最原始的，那么喻诗学就好像最原始的日月虚空、金木水火土，它可以通过各种排列组合，完美地形成另一个知识体系。

而这就是基础理论的强大之处。对一个读者来说，他可能一生中的任何阶段都能从喻学著作中领悟出道理，越是年龄增长就越会如此。

挑战杜甫

高二时王子居在班上进行了小规模的匿名与杜甫名诗名句做比较的测试，他的"晚风声小人对月，池塘摇影泛黄昏""晨光静海日，遥山微曙拥"等句子胜过杜甫在课本中的名句。从此以后他放弃了对杜甫的学习和模仿（更多见《王子居诗词：喻诗浅论》）。

2012年底或2013年，他创立《礼道》的基础理论，对中国的礼文化进行了巅覆性的革命和创新。正是此时他较深入地发现了中国国学中存在着的诸多问题。由于《礼道》超越了孔子对礼学的认知范畴，他担心这样的学问很难被人所理解，于是王子居决定挑战杜甫的最强七律，以便给诸多学子、读者一个心理准备和缓冲。两年间他先后在北京和西安的党校、报社、出版社、图书公司等进行了小规模的挑战杜甫李商隐最强七律、王维最强五绝的测试，其中王子居的《相思》对王维的《相思》具有压倒性的优势（详情请见《龙山》一书）。

于是在2014年末，由中国言实出版社、中国纺织出版社、北京万卷联合开展"寻找最美七律，王子居挑战杜甫最强七律"的活动，先由数十家国内知名媒体、杂志的诗人们选出杜甫最强十首七律，再由四所院校千余学生参与。青岛农业大学、鲁东大学文学院、曲阜师范大学由校方组织本次活动，在清华大学由北京万卷组织活动。他成为有史来敢于挑战杜甫最强七律和王维巅峰五绝而不败的诗人。

此次活动腾讯读书、新浪读书、中国网、中国日报网、中国台湾网、光明网、新民网、南方网、长城网、鲁东大学官网（义博国闻）、哎奇头像网、最济源……皆有报道。

这些网页在2017年王子居出版《唐诗小赏》《读你千遍也不厌倦》等作品时，出版社的编辑还曾全部打开并一一检验过（因为作者简介需要核实）。不过由于新闻的时效性，现在还能打开的网页已经不多，再过几年也许就看不到这些曾经的报导了。

http://news.hebei.com.cn/system/2015/01/26/014832557.shtml

这是目前唯一能打开的，但也不知道能保留多久。

http://www.360doc.com/content/14/1205/09/450087_430524197.shtml

http://www.xq0757.com/read.php?tid=912828

作者相关资讯

新浪博客：王子居的博客　　　　微信公众号：紫薇国学馆
大鱼号、一点号、头条号：王子居的国学前沿
快传号：王子　　　豆瓣：一羽卒来　　　知乎、简书：温雅的毒舌
腾讯内容平台：我看我思我行，微信公众号：紫薇国学馆。

已出版著作简介

王子居的著作大多是以最简单的语言写出来的，他的《发现唐诗之美》语言简易到小学生都爱读，但它里面的知识和维度，可能要很多年才能认知。

他的著作有一个特点，就是带序的著作往往是次要的，无序的著作反而是突破性作品，而维度特别高的著作，其前面都有《本书的读法》，《本书的读法》出现时就意味着这本书具有超多的维度，而这些维度并不是可以在书中明言的，这就像《王子居诗词》在2016年出版，"王子居挑战杜甫最强七律在2014年举行"，但没有人认知到他的诗是喻诗具有多维诗境一样，

王子居其他著作具有更多维度，并不是他的著作所彰显的那样能轻易领悟。《王子居诗词》只是一本书，诗的字数不过一两万字，但它的维度却需要用喻诗学四部曲乃至更多著作超百万字来阐释，而仅《龙山》一首诗，就阐发出了诗演论、喻诗学、多维诗境论、多维修辞……并为我们展现了"一字一修辞，一字一诗境，一字双指喻"的多维奥秘……这也意味着，王子居已经出版的一些著作，如果他要对你讲明这部著作对你的好处的话，可能要再写几部哲学性的著作才能讲得清。

所以他的一部作品，足够普通读者反复参悟很久才可能领会。而他的著作里的有用的知识点，无论是数量还是密度都是前所未有的。而它的用处正如上面所讲的，要再用几部书才可能对你讲清。

这是因为他的书是一个超多维哲学世界的投影，就如同他的诗歌中具有33维诗境一样，他的喻学是一个超多维的学理世界，他用这个学理世界认知、著述出的著作，亦是多维的，如果有读者没有读出在他书中隐藏的维度，那就是因为没有真正读懂，并且不会更大限度地利用。

对大多数读者来说，想透彻他书中知识的真正价值是很难的，这就好像《射雕》中的郭靖，马钰教他，他不知道自己学的是中神通的最强内功心法，周伯通教他，他不知自己学的是武林最强五绝都抢夺的《九阴真经》，郭靖很笨，不懂武学理论和奥妙，学得很慢，只会练招式，但他只学了降龙十八掌的一招，就将以前打得他满地跑的王府高手和欧阳克打得满地跑了。

王子居书中的维度其实他是有暗示的，比如《职业三字经》的封面上讲"一本书，六堂课"，其中有一门语言课，为什么一本讲职场修养的书会是一门语言课？因为它是喻文字运用的巅峰之作，对这一点，你只有读完喻诗学四部曲和《喻文字：汉语言新探》才能理解。这就好像他的喻诗中一句七字，表面看只是写了一个景象，但它却蕴含三十三重维度，如果说《龙山》是七字语言的巅峰，那《职业三字经》自然是三字语言的巅峰，它的创作、运用的奥妙，当然称得上是一门语言课了。

《职业三字经》是一门"至阳，至刚，至正"的书中"九阳真经"，它的真实维度并不止图书封面上的"六堂课"，它还有更多的更重要的维度，只不过王子居没时间给你讲清楚。要知道，仅仅两三万字的王子居诗词，就已经用超百万字的篇幅来讲其中的维度了。

《射雕》里面的欧阳克、杨康、黄蓉，一个比一个聪明，可为什么最后学成各家绝技的，却偏偏是只会练招式的郭靖呢？如果读者没读出王子居书中的奥妙，那不如像郭靖那样老老实实地练一辈子招式。

　　一句简单的话，背后可能有数维、数十维的喻学思想做支撑，就好像"寻找最美七律"活动中，33维的王子居得票不如多数单维偶尔一二维的杜甫一样，谁能在七个字里看出33维的诗学世界呢？还是那句话，看不出奥妙，就学郭靖。

《古诗小论2》

　　《古诗小论》的续篇，喻诗学四部曲里的第二部。1.他指出了中国诗歌史上的两条不同道路， 与此同时，他提出了喻诗学的发展道路。2.全面、彻底、根本性地批判了杜甫，从基础理论层面终结了杜甫的文学史。3.全面、彻底、根本性地批判、否定了中国一千年的近体格律诗道路，从基础理论上终结了近体诗。

　　用数理思维创新中国诗学，用数学方法解决中国诗学难题，令中国诗歌进入喻诗的时代！指出中国诗歌的特质和特色。揭示了神秘喻诗的独有高度和维度，

《王子居诗词：喻诗浅论》

　　开启喻诗学时代，平均超过一字一修辞、一字一诗境、一字双隐喻的至高诗学。打开一个全新的诗学世界，展示全新的诗歌维度，树立全新的诗歌巅峰。从诗骚汉唐的二三维诗境向9维、33维的升华和飞跃。

　　作为用数学方法建立起来的的喻诗学，在评判标准上有了数学的标准，从而解决了很多诗学史上不能够解决的问题。

　　你在网上搜诗学，能搜出亚里士多德的《诗学》，也能搜出后现代诗学、超文本诗学等。

　　从维度上来讲，亚里士多德的《诗学》是单维理论，喻诗学是多维理论、高维理论，是33维理论。

　　从时间上来讲，后现代诗学等是近代诗学，而喻诗学贯穿了四千年中国诗歌史。

　　从内容上来讲，喻诗学是由喻文字贯通出来的喻诗学，是基础理论，而后现代诗学等的概念本身就显示了它们不是一个基础理论。

　　从篇幅上来讲，喻诗学是篇幅最长的诗学，因而它的内容更丰富、结构更坚实、内涵更深刻、体系更博大，维度更多更高。

　　从概念上来讲，喻诗学是创新概念最多的诗学，仅仅是对修辞格的创新，就是单人著作中最多的。

从理论基础来讲，中国当代所讲诗学无非两个源流，一是来自中国古代的诗学片断论述，一是来自西方诗学，而喻诗学是建立在新理论喻学和喻文字学的基础上的。

这个论断意味着，无论中国古代诗学还是西方诗学，它们都不是基础理论，而喻诗学是一个基础理论。

《龙山》

每个知识领域都需要读《龙山》，文明史上仅此一例的超33维构建模型，几乎突破了所有诗歌的瓶颈，超越平均一字一修辞、一字一诗境、一字双隐喻的极限，5千年人类文明史上仅此达到33维的超级怪物！……

喻诗学四部曲的第四部，它为我们展示了难以想象的33维诗境。这部书究竟如何，读者只要想一下李白的诗歌单句最高是三四维诗境就可以了。

诗中至尊，化诗为演。浓缩一个文明的精粹，构建中华文明独一无二的超33维文明模型。世间仅有的要用几十万字来讲析的古诗！没有人能在万字篇幅内准确地介绍好《龙山》，因为它太过博大精深了。

无论是在修辞、诗法、文法，还是在哲学、美学、喻学层面，它都超越了历史的过往。

《唐诗小赏2》

这是第一部以喻诗学的视角，用多维诗境论来解读的诗词赏析类著作，是第一部喻诗学意义上的唐诗赏析。

以当代大诗人的诗心，印证唐朝大诗人的诗心。

解读到痛处、痒处、深处、高处、妙处的唐诗赏析读本。

《古诗小论》

33重天的诗帝论诗，其实已不必多讲。

此书初步提出了喻诗学、多维诗境论、诗演论……

《古诗小论》作为喻诗学四部曲的首部，它所讲的主要是喻诗的基础维度，如气象、气象、气韵、印象等，都是基础的单维度。

不读《古诗小论》，你永远也不会真的懂诗。

《读你千遍也不厌倦》

唯一一部文学传记作品。

多情多才的诗人，铭心刻骨的爱情，销魂无奈的结局

多情多才的诗人，铭心刻骨的爱情，销魂无奈的结局

这里有风流不羁，这里有愁肠百转，这里有豪放和热血，这里有寂寞

和凄伤。我们解读的不只是动人的古诗词，更是珍贵的情感和光辉的人性。

《王子居诗词》

33重天诗帝的诗，想来无需多说，诗词的高度和秘密还有美，都在这里面。

对于一个喜欢诗歌的人来说，如果没有读过33重天诗帝的诗歌，那简直不能说自己喜欢诗。而且强大无比的喻诗学也一定得从王子居的诗词中去体会，因为盛唐三四维已经是极限，真正的突破性高维诗境，只有王子居的喻诗做得到。

目前能看到的较全的王子居诗词版本。

《唐诗小赏》

读诗不读王子居，千篇万首也枉然。

33重天诗帝的解读，会一样吗？

不读《唐诗小赏》是不可能真正懂唐诗的，其他的著作，大多错谬连篇。与所有赏析都不同的一部唐诗鉴赏著作。以当代大诗人的诗心，印证唐朝大诗人的诗心。解读到痛处、痒处、深处、高处、妙处的唐诗读本。

历经二十载，写诗数千首，通阅900卷《全唐诗》，增删润色数十次！对《人间词话》指出了诸多不足，对杜甫的诗作多有批评，对王国维、苏东坡等人的诗论也多有指摘。对李白、王维、孟浩然等大诗人的佳作有独到解析。

与狂放不羁的李白一同挥洒"天生我材必有用，千金散尽还复来"的豪情；与悲愤沉郁的杜甫一同感受"出师未捷身先死，长使英雄泪满襟"的悲壮；与"诗中有画""画中有诗"的王维一同欣赏"明月松间照，清泉石上流"的美景；

以当代大诗人的诗心，印证唐朝大诗人的诗心。

解读到痛处、痒处、深处、高处、妙处的唐诗赏析读本。

那些只有大诗人才能领会的古诗的奥妙，也只有在王子居的赏析中才可能被读者读到。王子居的《唐诗小赏》，是一个真正客观，为我们介绍了真正的唐诗。许多我们不知道的诗歌"不传之秘""家传绝学"，都在《唐诗小赏》中讲了出来。

《喻文字：汉语言新探》

这是一部比33重天《龙山》更强大、秘密更多的著作！

这一句话，顶得上千言万语的介绍了吧？

它是全新的汉文字基础理论。

《论语原解》

我们是应该相信一个能将中国文化从3维境推高到33维境的人呢？还是应该相信那些并无创造实证、只能信口胡言的人呢？

此书纠正了自郑玄以来至朱熹乃至近代诸注家的诸多错误。

你从前所读过的《论语》读本，有80%是错的，没有错，无论你读的是郑玄朱熹还是杨伯峻。越是古老的典籍，你读到的错误就越多，比如《论语》你可能读到的80%都有错，而唐诗宋词你读到的解析可能50%都有错。

事实上，如果你想学好古文，那么以目前说，只有一本书可以信任，它就是《论语原解》（除此之外的任何一本古文著作或古文注释著作，都有严重的问题或者有各种问题，就连教材也不可避免，《论语原解》不能说毫无问题，但它一定是问题最少的那一部）。这是因为，王子居是唯一发现了喻文字秘密并创建了喻文字理论体系的人。

从小就写诗写古文的王子居，在古文方面造诣究竟有多强？其实你只要读过《古诗小论》中的《东山诗话》部分，大体上就会有一个了解。王子居的古文比他的白话文要更强，他其实更喜欢也更习惯用古文创作。

用喻的方法注解《论语》！开启中国古籍注释新天地。让我们对汉语言的认识从象文字升华到喻文字的奇书。对《论语》大部分章节重新注译！

读完《论语原解》，古文基本就不会有障碍了。此版本纠正了自汉郑玄以来直至民国诸大师的诸多错解。（这个民国诸大师包括钱穆也包括杨伯峻）改变了两千年来诸注家过半义理注释的全新注本。纠正了数万处错解、臆解、曲解。

《你的呼吸还好吗》

从非典到雾霾到新冠还有每年的流感，为什么你从来没想过要健肺？

这个问题真的应该好好思考一下。

这是能给你带来无穷好处的一部奇作。

诸多健康问题的背后都有呼吸问题！

百病之生，根源在气。种种疾病，呼吸可防。

吸天地之精以养生，呼百脉之陈以却病。

病毒变异时代的良选！强体增精，提升免疫力，禅定瑜珈核心，调心理控情绪，变聪明长智慧，人类历史醉悠久的养生术。上古人类均寿百岁时少有的保健驱病之法。如果没有调整好呼吸，一切健康努力都将白费。

调身驱病，养精全神，耳聪目明，智力超常，可调抑郁失眠、便秘干结、感冒受寒鼻炎鼻塞、各脏腑器官功能失调、倦殆乏力气虚缺血、体弱多病、受凉腹泻、阳根不举举而不久、怪异难言之病、心情烦燥情绪紧张、气短气弱、忧思伤神、空气干燥……

诸多健康问题的背后都有呼吸问题！百病之生，根源在气。种种疾病，呼吸可防。吸天地之精以养生，呼百脉之陈以却病。长智慧的聪明呼吸术！

世界疫情常态化，你还未关注你的呼吸？强化呼吸系统，更好应对病毒袭击。

中印呼吸术理论的集大成之作；化医释道密瑜珈等呼吸术源流的特色和特长，验诸脉之呼吸法，融会贯通出全脉之鼻尖式呼吸术的妙道；科学正确地讲出了数千年呼吸术的奥妙所在。

是全球首部具有理论体系指导的呼吸术类著作。

王子居的诸多作品，就好像他的《千古第一雄诗龙山》一样，是有着各种奥秘的，《你的呼吸还好吗？会呼吸才能不生病》的名字看起来要更为普通，但它一样隐藏着各种奥妙，有些奥妙是无法讲出来的，就如日本那个诺贝尔奖获得者所感叹的，日本的学术期刊只能发表一些普通的学术文章，真正创造性的、超前的理论在日本的包括全世界的期刊中都很难发表出来。

王子居的呼吸术也一样蕴含着"不能说的秘密"。

但这不妨碍它同"立道九重天"的《龙山》一样，蕴含着佛、道、医、武、瑜珈、生命科学的种种秘密。

你认为王子居的职业培训作品就不是养生书了吗？错，《职业三字经》乃是一本至刚至阳的书，有什么比至刚至阳之气更能驱病尤其是心理疾病的呢？就如同没有人读出《职业三字经》《龙山》等著作里的秘密一样，《你的呼吸还好吗》蕴藏着很多的生命密码，不过既然是密码，就需要读者自己去解读，去发现。

作为能达到单句33维的人，王子居的作品有很多鬼斧神工之处，《职业三字经》的封面上写着一本书六门课，事实上这本书有更多的课未曾解秘。《你的呼吸还好吗》隐藏的秘密比《龙山》《职业三字经》还要多。

虽然很多秘密不能说，但他依然在序言中讲到了两个最重要的逻辑！记住，是最重要的逻辑！读王子居的呼吸术，可以打一个比方，就好像别人给你一颗神树的种子，但只告诉你它很神奇，如何神奇？你需要把它种下去，栽培它，浇灌它，直到它开花结果，你只有在尝到果实后才明白什么叫神奇。

好的呼吸术可以调身、驱病，可以治失眠便秘等诸多病患，能养精、全神，让人耳聪目明、智力超常。强体力，增精力，提升免疫力，还能变聪明，长智慧，呼吸术是人类历史最悠久的养生术。呼吸术是上古人类均寿百岁时少有的保健驱病之法。如果没有调整好呼吸，一切健康努力都将白费。呼吸调神，通过吸天地之精华而长养精神思想。

呼吸作为人体的主要运输工具，为身体输送氧气和精微营养物质。呼吸是人类稀有的一种内脏运动保健手段。呼吸鼓动全身器官的机能，只有呼吸才能做到全身肌肉的联动。呼吸支撑空间，我们平时都以为，我们的身体是由实在的物质，骨和肉来支撑的，这是错误的，呼吸是支撑身体空间的重要物质，连肌肉都需要呼吸的支撑。空气是生命的第一要素，呼吸是自然疗法的第一选择项，是人体的第一补品。如果没有调整好呼吸，一切健康努力都将白费。呼吸不良可导致一切疾病，许多怪病都与呼吸有关。呼吸术是人类历史最悠久的养生术。

吸入雾霾：呼吸道疾病——心血管疾病——癌症——多种疾病。

呼吸不足：细胞缺氧——细胞丧失活力——细胞病变——多种疾病。

呼吸术（呼吸锻炼）具有很多效果，对于很多疾病都有治愈疗效或者辅助效果，但这本小书无法一一统计并列举出来。即便是医药治疗中已经完全验证的呼吸能治好的那些疾病，也已经非常之多了。小到我们平常经常有的头疼感冒、腹泻、便秘、神经性的轻微牙疼、腹疼，大到癌症、心血管疾病……以至于到心理问题，呼吸都有不可替代的疗效，乃至于像几十年都治不了的运动遗精等怪病、疑难杂症，最有效的呼吸疗法都有可能治愈。也就是说，呼吸能治疗的疾病和问题，远远比这本小书中列举出来的要多得多。所以无论你身体怎么样，是强健是孱弱，是无病是多病，你都可以试试呼吸。

在这个新冠未尽的时代，通过呼吸术强健你的肺，是明智的选择。

《大秦帝国》

从政者必读！经商者必读！治事者之鉴，管理者之鉴！

一个承前启后，开创两千年政治文明的朝代。一个值得我们借鉴、思考的朝代！王子居用独特的视角、全新的方式为我们解读一个承前启后、独一无二的朝代。

秦始皇真是吕不韦的儿子？嫪毐政变太后站哪边？秦王政靠谁掌握了

大权？大秦真的亡于法治和残暴吗？李斯为何杀韩非？秦二世如何失败？朝廷舌辩、宫庭阴谋、合纵连横、权力嬗变、战争决胜、庙堂筹谋、朝廷内斗……

33维大学者的历史洞察，绝不与人相同；大博学家的广博学见，更是变化莫测。治事者之鉴，管理者之鉴！深刻根本地战略剖析、一针见血的谋略解读、根本性的成败总结、全局性的博弈得失、还有治国举措、人才管理……

秦朝是独一无二的王朝，在中国历史上拥有无法替代的地位，无论是政治、军事、还是文化，都放射着灿烂的光芒。作为一个承前启后的时代，秦朝对我们来说充满了神秘、未知、疑惑，太多的批评和指责，给这个短命却伟大的朝代蒙上了层层迷团？秦朝究竟是怎样的？王子居潜研历史，为我们献上《大秦帝国》一书，用与众不同的视角，**用现代治理学理论剖析大秦国**，给了我们一个与众不同的答案。

《天地中来》

33重天诗帝的思维之道、思考技术……

天地间第一智慧！德演论、智演论的通俗读本。

法天则地大智慧，中华文明最初源头！易经缘起！智开于此，情陶于此，德生于此，美染于此，性冶于此。

我们的智慧，我们的修养，我们的道德，中国文化的深度、广度、厚度、高度、精度，由此而来！

33维国学大宗以天地大智，开喻学之门！一滴水，明世间相续；一弯月，见天道圆行。一花中，悟世界真相；一叶中，见智慧菩提。万卷山水涵气质，三千花月养精神。

王子居《更好的学习》系列著作的第一部，喻学和演学的入门之书。

我们的智慧，从何而来？我们的修养，从何而来？我们的道德，从何而来？智开于此，情陶于此，德生于此，美染于此，性冶于此。

中国文化为什么博大精深？中国文化的深度、广度、厚度、高度、精度，从何而来？中国人的德、智、性、美，中国人的气质和修养，从何而来？

王子居首创的天地大散文！洞见人生大智慧！智开于此，情陶于此，德生于此，美染于此，性冶于此。如何以天地山水作为自己的老师？（中国人的德、智、性、美，中国人的气质和修养，从何而来）《天地中来》是一部充满着人生大智慧的好书。在这部书里，无论是辽阔的高天，还是浑厚的大地，无论是雄奇的大山，还是幽幽的曲巷，无论是浩荡的江河，还是宁静的潭水，亦或是清澈的小溪，哪怕小到一草一木，一鸟一兽，一花一叶……这世间所有万相，都在王子居的笔下，绽放出了深厚的人生哲学和智慧！

它是创造性极强的"天地大散文""哲理大散文""道德大散文"！

《局道》：围棋圣典，中国博弈学，军事谋略学的奇兵！当代鬼谷术！谋略哲学树！

书中的"九阴真经"，它是与《职业三字经》配套的一部著作，阴阳合璧才是王道。

一局棋演天地玄妙，现中华哲学深秘，开谋略布局大道，弈道谋略巅峰作品，阴谋阳谋布局运谋，翻云覆雨任你施为。讲透局道才能讲透谋略之道，才能讲透博弈之道，强化哲学思维，增益计算运筹能力，常昊、李世石、古力、石佛、柯洁、檀啸……无不该捧读！

一手谈演人生百事，一坐悟演天地玄机！全新思维锻炼模式：悟智慧、修人生、化天地、练政治、强军事、升商道的演学！如何谋篇布局？顺境如何开局壮局？逆境如何变局破局？如何识破别人的局？当代鬼谷术、孙子法……

《局演》能带给你什么好处？显然王子居在《局道》里并没有明言，作为从尧帝时就传承下来的一门强大工具，无论是政治谋略、军事哲学、博弈之术、经商之道……《局演》中都藏有在这些领域致胜的大道。

王子居的《局道》给我们讲了多少谋略哲学？就像33重天的《龙山》一样，根本不是几万字能讲明白的。通过围棋讲哲学、博弈学、军事、智谋，主体是讲局演论。天地人生，皆如棋局，博弈智慧，尽在此书。一部将中国围棋从国术的高度升华到国道高度的奇书！一局棋，演人生百事，一本书，演天地玄机！揭示一种全新思维锻炼模式——化天地、练政治、强军事、悟智慧、修人生的演学！将围棋从国术升华到国道！

天地人生一棋局，纵横经纬智慧出。

妙数奇谋演千古，和中博弈知不足。

天地阴阳五行，政治军事人生，皆如棋局，博弈智慧，尽在此书。对五赋三论《棋经》的少有正确解读。

中国文化无小事，无小技，关键在于你怎么看，会不会看，看不看得懂。比如对中国的围棋，如果你以游戏的思维方式来看，它就是消磨时光的工具；如果你以竞技的思维方式来看，它包括目标、规则、方法、技术，可以锻炼智力；如果你以文化的思维来看，它是"手谈""坐隐""雅戏"，是用来修身养性的；如果你以军事家的角度来看，它是一种更高形式的"棋盘推演"；如果你以哲学的角度来看，它是一门练习如何竞争和共存的哲学；如果你以喻的思维来看，它是一种局演，是演化宇宙万象、人类社会发展变化的一种思维锻炼模具。

围棋其实是一门局演，演化的是整个华夏文明中最根本的东西，它们是对华夏文明的一种再创造和概括浓缩，既是华夏文明中基础原理的概念模型，也是一种天地运行规律、社会运动形式、人类活动形式的抽象的动态模拟和演练。在局演中，既有天道和天象，也有军事政治外交经济的规则，它既蕴含了这些规则的名称，也可以衍化、推演、展示，既可以从中学习，更可以从中思考、领悟、创造，局演中的喻，是一个概念群、知识群。局演不仅仅是天地奥义的推演和展现，它还可以不断创造新的概念，新的喻义，产生新的理论。

局演是适合各个知识领域的人的一种学习方法和工具，它是可以令人学到各个领域的知识的一种学习方法和工具，它是一门贯通性的学习方法和工具，而不是单一性的学习方法和工具。局演既是最好的知识载体，也是最好的学习工具，也是最好的学习方法，它是一门亟待开发的知识，如果我们运用演的思维来对待围棋等局演，那么它们将会对我们的学习思考带来革命性的改变，这对于我们当代的国学教育，是有着深远的意义的。因为局演所采用的本喻都是最根本的、最普遍的，所以局演是具有领域的贯通性的，从局演中学到的知识和理论也将是最普遍的、贯通性的知识和理论。局演之喻的普遍性和根本性决定了局演中所蕴含的知识是极其丰富的、无穷无尽的。

围棋是具有美学因素的，首先太极图本身就具有神秘的美，而围棋中的黑白两色，是天地中的基本色，它们在棋局中互相追逐，构成无数幅美丽的画面，这些画面都是太极图的变体。而方圆两种基本图形，也是形象中的最基本因素，它们和变化的棋阵共同演绎了围棋之美。

围棋可以帮我们拓展思维广度、增加思维深度、强化思维的敏捷度和灵活度、强化思维的逻辑严密程度、开发思维的批判性和创造性，增强思维的爆发力和灵感的诱发力。

围棋锻炼我们的很多能力，如观察力、洞察力、计算力、记忆力、记忆储存能力、应变能力、统筹能力、判断能力、运筹能力、逻辑和推理能力、分析能力、总结能力、技巧掌控能力、直观形象思维能力、发散思维能力、比较能力、抽象能力、具体化能力、运用实践能力、理解能力、想象能力、概括能力（概念能力）、归纳系统化能力、发明创造能力（经历过分析、整理、鉴别、消化、综合等能力阶段）、抽象感知能力、思维控制调节能力、情绪控制能力、直觉思维能力、创造性思维能力、决策能力、战略思维能力、战术思维能力、哲学能力、解构能力和构建能力、快速处理信息能力、高效高质处理信息能力、辩证思维能力、喻的能力、思维层次递进（进化）能力、推演能力……

比如说观察力，它有一部分是观察对手，这在《演喻1》中已经提到过，如："随手而下者，无谋之人也。不思而应者，取败之道也。"观察棋局的形势变化，观察双方棋局的整体布置，这是锻炼观察力，同时，观察棋形在几处重要区域的分布，从而判断出自己的优势是在哪几个区域，这时候从观察力就转换到了判断力，而洞察力则是观察力的升级，称观察力也不是不可以，比如洞察对手的图谋和打算，从而判断出他将在哪一块区域加大经营力度，它将会对我方哪一组棋进行攻击等，这都是从观察力到判断力的转换，而要观察敌人整体的和局部的虚实，则需要用到计算力，计算敌人各组棋之间的呼应能力、我对敌人不同棋组的隔断能力，一块区域中敌我双方的棋路的多少，这个时候观察力就要和计算力相结合，当我们观察整体的虚实，并运用计算能力做出基本的判断后，我们同敌人在局部展开搏杀，这时候我们的记忆力就很重要，因为如果以前的计算随着棋局的演化而变化，前面的计算记不准确，就会给对手以可乘之机，如果没有强大的记忆储存能力，就只能不断地重复计算，所以记忆力是贯穿棋局的始终的。

单以一个计算能力而言，围棋局演的计算是非常立体，非常复杂的，比如刚开始要计算气，计算目，然后要计算死活、杀气、棋路，还有官子的计算、胜负的计算，还有利弊得失、势的增减、棋路的增减、变化可能性……在这些计算中，既有微观的应对局部的计算，也有宏观的掌握全局的计算，既有具体的计算，也有抽象的计算，而这就是军事中所说的筹算，也就是运筹的能力，所以说，围棋对我们计算能力的锻炼可不是一道数学题所能够相比的。

七百年来第一经《职业三字经》

作为王子居最重视的两本书之一，《职业三字经》拥有很多秘密，而且它也不仅仅是封面上所讲的六堂课那么简单，而是内藏更多的课程。

《三字经》之后，无论从篇幅规模还是哲学内涵角度，《职业三字经》都远胜《三字经》，它堪称七百年来第一经。

中国人恪守的职业守则、人生守则。公司需要的，管理者渴望的，员工必须的。职业伦理、职业道德、职业精神的浓缩精华。

职业三字经（增强事业信心，加强职业修养，完善职业道德。公司需要的，管理者渴望的，员工必须的。中国人恪守的职业守则、人生守则。职业伦理、职业道德、职业精神的浓缩精华。）一本书，六门课。励志课、国学课、语言课、职业修炼课、管理课、哲学课。史来篇幅居首的三字经。本书是王子居从事工作二十年，一线管理十余年，对职业伦理成系统的总结。本书的特点：丰富、凝炼、概括、创造性、深刻性、知识性、针对性、实用性。本书是王子居从事工作二十年，一线管理十余年，对职业伦理成系统的总结。是中国人恪守的职业守则、人生守则。是职业伦理、职业道德、职业精神的浓缩精华。职业三字经从道德、规则、职场环境、技能、技巧、禁忌等多个方面讲解了我们职业生涯中必须遵守的规则，必须坚持的操守，可以运用的方和法技巧等，对于初入职场的大学生等年轻人非常重要。

《平衡的，才是健康的》

这就是王子居步入喻医学殿堂的第一部著作的升级版……

将中国医学带入到喻医学的时代！将中国养生学带入到体演论的时代！找到健康的幕后操盘手！阴阳平衡、脏腑平衡、饮食平衡、寒热平衡、动静平衡……揭示一个神秘而博大的人体世界、哲学世界、医学世界……

平衡则调、平衡则和、平衡则安、平衡则顺、平衡则健、平衡则美……失衡则乱、失衡则攻、失衡则危、失衡则逆、失衡则病、失衡则丑……

最健康的人，身体平衡不被任何事物打破，善于养生的人，身体平衡偶尔会被外界因素打破，但很快就会调节。

《动一动，保健康》

简单易行，行之有效。床头椅上，随时随地解决健康问题。动养生的秘密就是：找到身体给我们预留的治疗按钮，只要轻轻一按，健康自得。体育运动不如温和运动，温和运动不如微小动作，微小动作又以保养器官官能、养护身体机能的动作为最佳。它几乎囊括人类所有的高效养生动作，第一次全面科学地综合、分类、解析，全方位立体式地深入指导读者使用。按肌肉中的神经意向和气感来动作，而不是按人为设计的固

这是本书对动养生的一个创造性的建树。

ISBN 978-7-5168-2731-4

十秒入戏